한 ~~는

1학년

입학준비

김수현 지음 · 전진희 그림

학용품과 선 긋기 ▶ 한글 숫자 배우기 ▶ 그림 글쓰기

초등 1학년 공부의 모든 것!

카시오페아
Cassiopeia

자신감으로 완성하는
1학년 입학 준비

안녕하세요. 초등 교사 김수현입니다. 저는 지난 18년간의 교직 생활 동안 1학년 담임을 여러 해 맡으며 아이들을 마주했습니다. 싱그러운 물기를 가득 머금은 우리 1학년 친구들은 저마다의 속도로 '학교'라는 울타리 안에서 적응해 갔습니다. 덕분에 아이들이 자라는 모습을 가까이에서 볼 수 있었지요.

1학년 아이들과 어느 정도 친해져 서로 마음의 거리가 가까워졌을 4월 무렵, 아이들에게 물어봅니다. 유치원(또는 어린이집)을 졸업하고 초등학교 입학을 준비할 때 어떤 마음이었는지를요. 아이들은 의외로 여러 가지 대답을 들려주었습니다. 막연히 "좋았어요"라고 대답하는 친구도 있었지만, "떨렸어요"라고 이야기하는 친구들도 정말 많았습니다. 여기서 제가 주목했던 것은 아이들의 긴장된 마음입니다.

새로운 출발은 늘 설레기도 하지만 동시에 긴장감도 함께합니다. 나의 주된 생활 공간이 유치원(또는 어린이집)에서 학교로 달라지는 것, 내가 자주 만나는 사람들이 많이 늘어나는 것은 아이들에게 긴장감을 유발하는 대표 원인입니다. 바짝 긴장된 상태로 학교에서 시간을 보낸 아이들은 하교 후에 유독 스킨십을 요구하기도 하고, 다시 아기가 된 것처럼 행동하기도 합니다. 따뜻한 가정의 품에 도착했을 때 비로소 긴장으로 메말랐던 마음이 활짝 펴지는 것이지요. 그런데 1학년 교실에서 만난 아이들은 사실 '학습 부담감' 때문에 긴장감을 많이 느꼈습니다. 어른들의 시각에서야 '1학년 공부가 뭐가 어려워?'라는 생각이 들지만, 막상 초등학교 입학을 앞둔 아이들은 다릅니다. "학교 가면 공부 열심히 해야 해"라거나 "학교 공부는 유치원 공부와는 달라"라는 장난 섞인 주변인들의 말도 아이들의 학습 부담감을 한층 두텁게 만들어요.

저는 적어도 학교 공부를 처음 시작하는 아이들은 무조건 그 과정이 즐거워야 한다고 생각합니다. 앞으로 아이들은 적어도 12년간 학교에 다닐 테니까요. 그렇다면 아이들은 언제 즐거움을 느낄 수 있을까요? 바로 '내가 해냈다'라는 성취감을 느낄 때입니다. 그러니까 부모인 우리의 역할은 이 책 『한 권으로 끝내는 1학년 입학 준비』로 1학년의 시작인 3월을 미리 들여다보면서 아이들이 아주 조그만 것을 해냈을지라도 그것을 큰 성취감으로 증폭시켜 주는 일입니다.

몇 해 전, 1학년 교실에서 만난 한 친구는 아무것도 하지 않으려 해서 저를 곤혹스럽게 했습니다. 특히 '공부'와 '학습'에 관련된 것이면 무조건 대부분의 지시에 따르지 않았습니다. 처음에는 아이의 마음이 반항심으로 똘똘 뭉쳐져 일부러 교사의 지시를 거부하는 것이라고 생각했습니다. 하지만 자세히 들여다 본 아이의 속마음은 '자신감 결여'로 가득 차 있었습니다. 여느 아이들이 그렇듯 그 친구도 아마 많은 성공과 실패를 거듭하며 성장했을 것입니다. 그런데 아이는 자신이 거둔 '성공'에 기뻐하기보다 '실패'에 조금 더 집중했고, 그로 인해 '나는 잘할 수 없다'라는 생각을 키웠습니다. 누군가와 비교당하는 경험, 성공했을 때 충분히 칭찬받지 못한 경험, 도움을 요청했을 때 도움받지 못한 기억들이 모여서 그 아이의 '자신감'을 조금씩 무너뜨렸을 겁니다. 그러고 나서 초등학교에 입학한 아이의 입에선 이런 말이 나올 수밖에요.

"선생님, 보나 마나 저는 망칠 거예요."

어른들도 인생을 살면서 어떤 일을 '할까, 말까?'라는 선택의 기로를 만날 때가 종종 있습니다. 이런 선택 앞에서 결정을 주저하게 되는 이유는 '실패에 대한 부담'을 느끼기 때문입니다. 하지만 아이들의 도전 의식은 어른들보다 훨씬 더 열려 있습니다. 실패에 대한 두려움보다는 새로운 시작의 설렘을 즐기고자 하는 마음이 훨씬 큽니다. 그런데 이때 아이의 자신감이 결여된다면 무엇이든 새로운 시작을 힘들어합니다. 시작이 반이라 그 시작의 문턱만 넘으면 탄탄대로를 달릴 수 있는데, 그 시작의 벽이 무척 높습니다.

자신감(自信感).

자신을 믿는 능력입니다. 나의 능력을 믿고 나아가려는 마음입니다. 저는 '초등학교 입학을 앞둔 아이의 자신감 향상'을 제일 큰 목적으로 두고 이 책을 집필했습니다. 아이의 자신감이 언제 향상되는지 학교 현장에서 보고 느낀 경험이 집필하는 데 큰 보탬이 되었습니다. 교실 속 아이들은 '성공'을 경험할 때 성취감을 느꼈고, 동시에 자신감을 얻곤 했습니다. 아이들의 모습을 가장 가까이에서 지켜보며 '성공'의 경험이 탄탄한 '기본 실력'에서 비롯된다는 사실을 여실히 체감할 수 있었습니다. 그래서 이 책은 초등학교 입학을 앞두거나 그 연령대인 아이들이 '기본 실력'을 누구보다 견고하게 쌓을 수 있도록 꼭 필요하고 반드시 숙지해야 할 내용 중 알짜배기만을 모아 구성했습니다.

아이들은 자기 손으로 직접 쌓아 올린 경험을 할 때 오롯이 내 마음속 '자신감'을 채웁니다. 우리 친구들이 부모님의 도움보다는 스스로의 힘으로 이 책을 처음부터 끝까지 해낼 수 있도록 쉽고 직관적으로 구성하려고 노력했습니다. 분명 아이들이 도움을 요청하는 내용도 있을 것입니다. 그러한 순간에 어른들이 넓은 마음을 펼쳐 내어 함께 해결해 주면 되겠지요.

입학을 앞둔 아이들은 학교에서 무엇을 배우는지 궁금해합니다. 1학년 교실에서 3월에 배우는 것들, 그리고 그 배움에 필요한 기본적인 요소들을 총망라하여 한 권의 책으로 깔끔하게 정리해 보았습니다. 그렇기에 이 책은 아이들과 부모님뿐만 아니라 1학년 아이들을 지도할 선생님들에게도 좋은 길잡이가 될 수 있으리라 생각합니다. 이 책으로 1학년의 시작을 준비하는 아이라면 새로운 환경인 학교에서도 완성도 있고 넘치는 자신감으로 누구보다 빠르고 편안하게 적응할 수 있으리라 확신합니다. 우리 친구들의 새로운 출발을 축하하고 응원합니다!

시작하기 전에 이것만은 꼭!

☑ 아이가 자신의 힘으로 이 책을 활용할 수 있도록 도와주세요.

☑ 절대로 시간에 쫓기지 마세요. 여유로운 태도는 즐기는 공부를 가능하게 합니다.

☑ 한 번에 많이 하지 않고, 조금씩 꾸준히 할 수 있도록 도와주세요. 책상 앞에 앉는 경험도 쌓이고 쌓여야 습관이 됩니다.

☑ 초등학교 입학이라는 새로운 출발을 앞둔 아이들입니다. 이 책으로 공부하는 모습에 많은 칭찬과 격려를 잊지 마세요.

차례

유닛 가이드

UNIT 1 학용품

1학년이 되면 드디어 아이들만의 '필통'이 생깁니다. 물론 5~7세 아이들이 연필, 지우개, 풀, 가위 등을 사용하지 않는 것은 아니지만, 아마도 내 필통에 내 연필, 내 지우개를 넣어 매일 가지고 다닐 필요는 없었을 겁니다. 기관과 집에 항상 가지런히 비치되어 있으니까요. 하지만 이제 아이들은 초등학교 입학을 앞두고, 나만의 학용품을 스스로 준비하고 관리하는 능력을 갖춰야 합니다. 학용품을 관리하는 일은 아이 수준에서 발휘할 수 있는 '자기 관리 능력'입니다. 내 물건이 무엇이고, 어떻게 준비해야 하는지 아는 것부터 견고하게 다져야 이 능력을 점차 발전시킬 수 있습니다. 제일 먼저 학용품의 종류를 확실히 인지해야 하고, 그다음에는 바르게 사용하는 법을 익혀야 합니다. 그러고 나서 사용한 뒤에 바르게 정리하는 것까지 잘 배워야 합니다. 모두가 그런 것은 아니지만 1학년 몇몇 친구들은 색연필을 사용하고 제자리에 두지 않아 교실 바닥에 떨어뜨리기도 합니다. 그래서 그것을 누군가가 밟고 넘어지는 사고로 이어지기도 합니다. 그러니 바르게 사용할 줄 알고, 바르게 정리까지 할 줄 알아야 이런 실수를 막을 수 있겠지요. 더불어 학용품에 아이들이 직접 이름표를 붙이게 해 주세요. 내 물건에 내 이름을 부여하는 일은, 물건에 대한 애착을 키우는 데 아주 효과적입니다. 또 내 물건이 소중한 것처럼 친구의 물건도 소중한 것임을 인지할 수 있습니다. UNIT 1에서 학용품의 종류와 쓰임에 대해 배우고 난 뒤, 가정에서 직접 실천으로 옮길 수 있게 도와주면 그야말로 완벽한 공부의 시작이 될 것입니다.

UNIT 2 선 긋기

1학년의 3월은 '적응 기간'이라고 부릅니다. 이때 아이들은 국어, 국어 활동, 수학, 수학 익힘의 교과서로 곧바로 공부를 시작하지는 않습니다. 이제 막 초등학생이 된 아이들에게 학습 결손이 없는지 담임 선생님이 확인하고 이를 보충하는 시간이 필요하기 때문이지요. 첫 단계로 아이들은 여러 가지 선 긋기 활동을 합니다. 실제로 선 긋기를 하지 못하는 친구들은 거의 없습니다. 하지만 이 과정을 통해 아이들은 선생님의 말씀에 경청하는 습관과 연필을 잡는 바른 자세를 익힐 수 있답니다. 다양한 종류의 선 긋기는 운필력의 기본이기도 합니다. 손에 적당한 힘을 쥐고 도구를 사용해 내가 원하는 그림을 그리고 글씨를 쓸 수 있으려면 운필력이 필요하기 때문이지요. UNIT 2에서는 아이들이 선 긋기를 할 때 무턱대고 빨리하지 않고 천천히, 그리고 정확히 하려는 자세로 임할 수 있도록 도와주세요. 정성이 담뿍 들어간 선 하나마다 칭찬을 많이 해 주는 것도 필수입니다.

UNIT 3 점 이어 그리기

어떤 대상을 똑같이 그려 내는 일은 아이에게 생각보다 어려운 과제입니다. 일단 아이는 눈으로 대상을 사진 찍어야 합니다. 그러고 나서 머릿속에 잠시 저장해야 하지요. 마지막으로 그것을 다시 기억해서 그대로 이동시켜 새로운 공간에 그려 내야 합니다. 즉, 아이의 '눈과 손'의 협응 작용이 필수적으로 요구되는 고차원적인 활동입니다. UNIT 3에서는 난이도에 따라 25개, 49개의 점과 그 점 위에 선으로 그린 대상이 등장합니다. 그러므로 정확한 점과 선의 위치를 파악하는 것이 제일 중요하기 때문에 아이들이 집중력을 발휘해서 관찰할 수 있어야 합니다. 그래야 새로운 공간에 똑같이 그릴 때 완성도 있게 해낼 수 있습니다. 몇몇 아이들은 빨리 끝내고 싶은 마음에 점과 점을 대강 잇기도 하는데, 이때 아이들이 신속성보다 정확성에 초점을 맞춰 과제를 할 수 있도록 가르쳐 주면 좋습니다. 점 이어 그리기는 '운필력' 향상에도 도움이 되지만, '도형 감각' 향상에도 효과적입니다. 도형은 고학년으로 갈수록 개인의 격차가 많이 벌어지는 수학의 한 분야입니다. 그런데 도형 감각은 단기간의 연습으로는 잘 길러지지 않기에, UNIT 3이 특히 중요한 것이지요. 이때 직접 그리기에서 더 나아가 지오보드(판자 위에 일정한 간격으로 못이 박혀 있어 그 위에 고무줄을 걸어 여러 가지 도형을 만들어 볼 수 있는 도구)를 활용해서 손으로 직접 대상을 만들어 보는 활동을 한다면 도형 감각 향상에 조금 더 도움이 될 것입니다. UNIT 3으로 운필력과 도형 감각을 동시에 잡아 보세요.

UNIT 4 똑같이 그리기

아직 한글이 서툰 아이들에게 그림 그리기만큼 자기 생각을 표현하기에 좋은 방법은 없습니다. 그래서 초등학교 1학년 1학기 교실에서는 글씨를 쓰는 일보다 그림을 그리는 일이 더 많습니다. 그림으로 내 생각과 감정과 경험 등을 표현해야 하는 과제가 대다수입니다. 그런데 1학년 모두가 그림 그리기를 좋아하는 것은 아닙니다. 그림 그리기를 번거롭고 어렵게 생각하는 아이들도 많지요. 또 색칠하기를 힘들어하는 아이들도 꽤 있습니다. UNIT 4에서는 따라 그리기가 어려운 아이들도 눈으로 그림을 잘 관찰해서 그 안에 있는 간단한 도형을 찾아보게 합니다. 내가 그림 속에서 찾아낸 동그라미, 세모, 네모 등의 기본 도형을 바탕으로 여러 획을 더하면서 그림 그리기를 연습합니다. 또 색칠하기를 힘들어하는 친구들을 위해 크고 작은 칸을 꼼꼼히 색칠해 보는 활동도 준비했습니다. UNIT 4의 모든 활동은 학교 현장에서 그림 그리기를 좋아하는 친구는 물론이고, 자신이 없는 친구도 흥미 있게 참여하여 자신감을 채울 수 있는 활동입니다. 아이들의 빛나는 눈빛과 야무진 손길을 응원해 주세요.

UNIT 5 나

저명한 교육학자 장 피아제(Jean Piaget)가 제시한 인지 발달 단계에 따르면, 초등 저학년 시기는 '구체적 조작기'입니다. 구체적 조작기는 전 조작기를 넘어선 단계로, 자기중심적이었던 세계관이 깨지고 점차 나와 타인을 인식하기 시작하는 단계입니다. 이 단계에서 아이들은 타인에 대한 배려와 또래와의 타협을 배우게 되는데, 이때 아이 스스로가 자신에 대해서 잘 파악하고 있어야 나의 존재만큼 타인의 존재도 인정하고 존중할 수 있게 됩니다. 따라서 7~8세 시기의 아이들이 '나'에 대해서 궁리하는 시간은 초등학교에 입학 할 때 반드시 필요한 공부인 셈이지요. 그런 의미에서 UNIT 5는 아이들이 스스로에 대한 다양한 궁리와 탐구를 통해 '나'에 대해서 알아보는 시간입니다. UNIT 5에서는 아이들의 질문이 많을 수 있습니다. 자기 자신을 탐구하는 일은 생각만큼 쉽지 않기 때문이지요. 아이를 가장 가까이에서 지켜보고 함께 머무르는 가족들이 아이의 '나 탐구'에 친절히 도움을 주면 아이는 더욱 즐거운 마음으로 나 자신을 향한 여행을 계속할 것입니다.

UNIT 6 한글 배우기

한글을 얼마나 알고 초등학교에 입학해야 하는지 많은 부모님들이 궁금해합니다. 한글은 모국어이고 일상생활에서 계속 쓰이기에, 한글을 아는 아이들은 그렇지 않은 아이들보다 학교생활에 적응이 빠를 수밖에 없습니다. 글자를 읽음으로써 이해력은 물론이고, 상황 파악 및 문제 해결 능력도 부수적으로 향상되기 때문이지요. 당연히 초등학교 1학년 1학기 국어 (가) 교과서는 한글을 전혀 모르는 아이들도 한글을 처음 배우는 데 어려움이 없도록 내용이 구성되었습니다. 따라서 아이가 아직 한글을 떼지 못했다고 해도 크게 걱정할 필요는 없습니다. 하지만 학교생활을 적응

하는 데 모국어인 한글을 읽고 쓸 수 있는 능력을 갖춘다면 큰 도움을 받을 수 있다는 것 또한 분명하지요. 한글을 처음 배운다면 처음부터 자음(닿소리), 모음(홀소리) 등과 같은 문법적인 접근보다는 주변에서 자주 마주치는 낱말을 통째로 보여 주는 방법이 훨씬 효과적입니다. 그리고 '한글 쓰기'를 하기 전에 반드시, 또 충분히 선행되어야 할 것이 바로 '한글 읽기'입니다. 이때 '한글 읽기'를 '책 읽기'로 동일시하는 경향이 있는데, 그보다는 부모가 아이와 함께 간판을 읽어 보고, 좋아하는 과자 이름을 읽어 보고, 마트에 가서 안내판을 함께 읽어 보는 것 등 일상의 사소한 것들을 관심 있게 읽어 보려는 자세가 곧 한글 읽기입니다. 이러한 활동은 어떤 대상에 대해 궁금해하는 호기심의 기초가 되기도 하지요. UNIT 6에서는 한글을 다양한 낱말로써 배우고 익힙니다. 한글에 대한 더욱 체계적인 학습은 『한 권으로 끝내는 한글 떼기』로, 1학년 1학기 수준의 정확한 맞춤법과 띄어쓰기를 위한 학습은 『한 권으로 끝내는 받아쓰기』를 통해 완성할 수 있으니 참고해 주세요.

UNIT 7 숫자 1~9 배우기

초등학교에서 아이들이 배우는 여러 가지 과목 중에서 고학년으로 갈수록 학습 부담감이 높아지는 과목 중 하나가 바로 '수학'입니다. 수학의 기본은 '수 개념'입니다. 1학년은 수학을 배우는 첫 시작으로, 1부터 수 개념을 쌓아 올리는 주춧돌인 셈입니다. UNIT 7은 십진법의 기본인 1~9까지의 숫자를 점검하고 넘어가는 과정입니다. 숫자를 읽는 방법은 2가지가 있습니다. '일, 이, 삼, 사, 오, 육, 칠, 팔, 구'로 세는 방식과 '하나, 둘, 셋, 넷, 다섯, 여섯, 일곱, 여덟, 아홉'으로 세는 방식입니다. 많은 아이들이 전자보다 후자의 방법에서 오류를 범하곤 합니다. 2가지 방법 모두 확실하게 배우고 익히면서 넘어갈 수 있도록 도와주세요. 그리고 생활 속에서도 자주 노출시켜 주면서 활용할 기회를 제공해 주면 더욱 좋습니다. 조금 더 깊이 수학을 가르쳐 주고 싶다면 '한 권으로 끝내는 덧셈 뺄셈' 시리즈를 활용하면 됩니다. 우리 친구들이 수학 자신감을 가질 수 있도록 많은 응원과 칭찬도 잊지 마세요.

UNIT 8 재미있는 그림책

'문해력'에 대한 부모님들의 관심이 뜨거운 요즘입니다. 문해력이 생활 적응력에 영향을 끼치는 것은 물론, 국어뿐만 아니라 타 교과의 성적에도 직결된다는 이야기는 이미 독서에 관심 있는 부모님이라면 누구나 알고 있습니다. 그렇기에 모두가 독서의 필요성을 익히 느끼고 있지요. 6세부터 초등 2학년까지는 그림책 읽기에 몰입해야 할 시기입니다. 그림과 문장의 아름다운 조화를 아이 스스로 향유할 수 있어야 합니다. 아이는 그림책을 읽으며 주인공의 입장이 되어 보기도 하고, 위로받기도 하며, 흥미를 느끼기도 합니다. UNIT 8에서는 제가 1학년을 여러 해 지도한 경험을 발판 삼아, 아이가 초등학교 입학을 앞두고 반드시 읽어야 할 그림책을 선정해서 수록했습니다. 아이가 그림책 읽기를 넘어, 읽고 난 뒤에 생각과 감정을 한 번 더 상기할 수 있도록 구성했습니다. 혹시 아이가 스스로 그림책을 읽지 않으려 한다면, 여기에 실린 그림책만큼은 다소 수고스럽더라도 사랑을 듬뿍 담아 부모님이 소리 내어 읽어 주면 좋겠습니다. 사랑이 담긴 그림책 한 권이 아이의 마음속 든든한 자양분이 된다는 믿음을 꼭 기억하면서요.

UNIT 9 그림 글쓰기

한글을 어느 정도 배우면 본격적으로 시작되는 아이의 글쓰기. 그런데 시작하자마자 첫 고비를 만나게 됩니다. 바로 '그림일기'입니다. 아이들은 왜 그림일기를 어려워할까요? 그 이유는 아주 명확합니다. 문장을 스스로 써 본 경험이 별로 없기 때문입니다. 나만의 문장을 머릿속에서 생각해서 꺼내는 일은 굉장한 창의력을 수반합니다. 게다가 그림일기는 스스로 그려야 할 장면을 선택하고, 그것을 그리며, 그에 걸맞은 문장을 쓰는 많은 단계를 거쳐야만 합니다. 이제 막 처음으로 글자를 익히고 쓰는 아이에게는 다소 어려운 과제이지요. 그래서 UNIT 9를 통해 아이들은 주어진 그림을 보고 스스로 해석하여 문장으로 구성하는 과제를 하게 됩니다. 당연히 처음부터 주술 구조가 완벽하고 육하원칙에 알맞게 문장을 쓰지는 못합니다. 문장이 다소 엉성하고 호응이 어색하더라도 아이의 머릿속에 떠오르는 그 문장을 소중히 담아 주세요. 마지막 유닛인 만큼 아이가 이 책을 끝까지 완주할 수 있도록 응원하면서 지금까지 이어 온 아이의 노력을 크게 칭찬해 주세요.

이 책의 활용법

『한 권으로 끝내는 1학년 입학 준비』는 이런 책이에요

이 책은 초등학교 1학년 1학기 과정을 한 권으로 끝내기 위한 책입니다. UNIT 1 학용품부터 UNIT 9 그림 글쓰기까지 한 유닛 한 유닛 차근차근 따라가다 보면 어떤 아이든지 크게 힘들이지 않고 1학년 공부와 학교생활에 자신감을 가질 수 있게 됩니다. 1학년이 꼭 알아야 할 중요한 내용을 교과서와 학교 현장에서 핵심만 추려 구성했기 때문입니다.

UNIT 1 학용품

공부를 시작하기 전, 연필, 지우개, 색연필(12색), 사인펜(12색), 가위, 풀, 자(15cm)를 꼭 준비합니다.

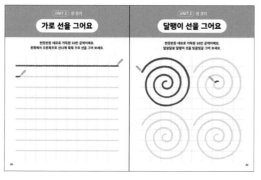

UNIT 2 선 긋기

연필 또는 색연필을 사용하며, 가로 선부터 달팽이 선까지 다양한 선의 특징을 파악해 선 긋기를 합니다.

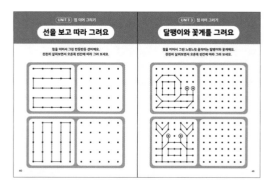

UNIT 3 점 이어 그리기

점 위에 그려진 선의 위치를 정확히 아는 것이 관건이므로 이 부분을 중점적으로 살펴서 진행합니다.

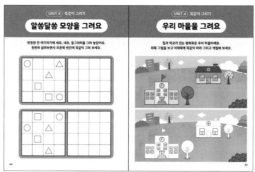

UNIT 4 똑같이 그리기

네모 칸에서 배경이 있는 그리기까지, 갈수록 내용이 복잡해지므로 난이도에 각별히 유의합니다.

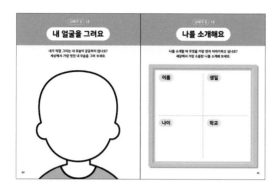

UNIT 5 나

'나'에 대해 생각하고 나누는 과정을 모든 활동에 앞서 진행합니다.

UNIT 6 한글 배우기

가족, 우리 집, 옷, 색깔, 동물, 과일, 탈것, 운동을 주제로 한 낱말을 배우고 익힙니다.

UNIT 7 숫자 1~9 배우기

1부터 9까지의 숫자를 다양하게 나타낸 '수 감각 보드'를 적어도 3번 이상 살펴봅니다.

UNIT 8 재미있는 그림책

공부를 시작하기 전, 이 유닛에 등장하는 6권의 그림책을 꼭 읽어 봅니다.

보너스 영상
QR 코드를 스캔해 김수현 선생님이 직접 설명하는 책 소개를 만나 보세요.

보너스 부록
QR 코드를 스캔해 이 책의 답안지를 다운로드 받으세요.

UNIT 9 그림 글쓰기

한 문장 → 여러 문장 → 그림일기로 내용이 점차 어려워지므로 포기하지 않도록 격려합니다.

최고 멋쟁이 _____ (이)의
한 권 끝 계획표

- 총 30일, 이 책을 공부하는 동안 아이가 사용하는 한 권 끝 계획표입니다. 하루 10분, 날마다 적당한 분량을 공부할 수 있도록 난이도에 따라 2~6쪽으로 구성했습니다.

- 한 권 끝 계획표를 사용하기 전, 가장 먼저 상단 제목 빈칸에 아이가 직접 자신의 이름을 쓰도록 지도해 주세요. 책임감을 기르고 자기 주도 학습의 출발점이 됩니다.

- 아이가 한 권 끝 계획표를 야무지게 활용할 수 있도록 다음과 같이 지도해 주세요.
  ❶ 공부를 시작하기 전, 한 권 끝 계획표에 공부 날짜를 씁니다.
  ❷ 공부 날짜를 쓴 다음, 공부 내용과 쪽수를 스스로 확인합니다.
  ❸ 책장을 넘겨서 신나고 즐겁게 그날의 내용을 공부합니다.
  ❹ 공부를 마친 후, 다시 한 권 끝 계획표를 펼쳐 공부 확인에 표시합니다.

- 한 권 끝 계획표의 공부 확인에는 공부를 잘 마친 아이가 느낄 수 있는 감정을 그림으로 담았습니다. 그날의 공부를 마친 아이가 ⭐(신남), ♥(설렘), 😊(기쁨)을 살펴보고 표시하면서 성취감을 느낄 수 있도록 많이 격려하고 칭찬해 주세요.

UNIT 1 학용품

	공부 날짜		공부 내용	쪽수	공부 확인
1일	월	일	연필, 지우개, 색연필, 사인펜	20~24쪽	⭐ ❤️ 😊
2일	월	일	가위, 풀, 자	25~27쪽	⭐ ❤️ 😊

UNIT 2 선 긋기

	공부 날짜		공부 내용	쪽수	공부 확인
3일	월	일	바른 자세와 연필 잡기, 자유 선, 가로 선, 세로 선	28~31쪽	⭐ ❤️ 😊
4일	월	일	X 모양 선, Z 모양 선, 뾰족뾰족 가로 선과 세로 선	32~35쪽	⭐ ❤️ 😊
5일	월	일	비스듬한 선, 봉긋봉긋 가로 선과 세로 선, 달팽이 선	36~39쪽	⭐ ❤️ 😊

UNIT 3 점 이어 그리기

	공부 날짜		공부 내용	쪽수	공부 확인
6일	월	일	선과 모양 보고 따라 그리기	40~43쪽	⭐ ❤️ 😊
7일	월	일	별과 집, 나무와 나뭇잎, 오리와 배 그리기	44~46쪽	⭐ ❤️ 😊
8일	월	일	오징어와 해파리, 헬리콥터와 잠수함, 달팽이와 꽃게 그리기	47~49쪽	⭐ ❤️ 😊

UNIT 4 똑같이 그리기

	공부 날짜		공부 내용	쪽수	공부 확인
9일	월	일	모양 그리기, 빈칸 색칠하기	50~53쪽	⭐ ❤️ 😊
10일	월	일	왕관, 나비, 바닷속 세상 그리기	54~56쪽	⭐ ❤️ 😊
11일	월	일	우리 마을, 로봇 친구들 그리기	57~59쪽	⭐ ❤️ 😊

UNIT 5 나

	공부 날짜		공부 내용	쪽수	공부 확인
12일	월	일	내 얼굴 그리기, 나와 가족 소개하기	60~62쪽	⭐ ❤️ 😊
13일	월	일	친구 소개하기, 내가 좋아하는 것, 나의 꿈	63~65쪽	⭐ ❤️ 😊

UNIT 6 한글 배우기

	공부 날짜		공부 내용	쪽수	공부 확인
14일	월	일	가족&우리 집 낱말	66~69쪽	⭐ ❤️ 😊
15일	월	일	옷&색깔 낱말	70~73쪽	⭐ ❤️ 😊
16일	월	일	가족&우리 집&옷&색깔 낱말 놀이	74~77쪽	⭐ ❤️ 😊
17일	월	일	동물&과일 낱말	78~81쪽	⭐ ❤️ 😊
18일	월	일	탈것&운동 낱말	82~85쪽	⭐ ❤️ 😊
19일	월	일	동물&과일&탈것&운동 낱말 놀이	86~89쪽	⭐ ❤️ 😊

UNIT 7 숫자 1~9 배우기

	공부 날짜		공부 내용	쪽수	공부 확인
20일	월	일	1, 2, 3	90~95쪽	⭐ ❤️ 😊
21일	월	일	4, 5, 6	96~101쪽	⭐ ❤️ 😊
22일	월	일	7, 8, 9 1~9 복습	102~109쪽	⭐ ❤️ 😊

UNIT 8 재미있는 그림책

	공부 날짜		공부 내용	쪽수	공부 확인
23일	월	일	『파닥파닥 해바라기』 『당나귀 실베스터와 요술 조약돌』	110~113쪽	⭐ ❤️ 😊
24일	월	일	『돼지책』 『진정한 일곱 살』	114~117쪽	⭐ ❤️ 😊
25일	월	일	『너는 어떤 씨앗이니?』 『나는 여덟 살, 학교에 갑니다』	118~121쪽	⭐ ❤️ 😊

UNIT 9 그림 글쓰기

	공부 날짜		공부 내용	쪽수	공부 확인
26일	월	일	그림 보고 문장 만들기	122~125쪽	⭐ ❤️ 😊
27일	월	일	그림 보고 글쓰기	126~127쪽	⭐ ❤️ 😊
28일	월	일	그림 보고 글쓰기	128~129쪽	⭐ ❤️ 😊
29일	월	일	그림일기 완성하기	130~131쪽	⭐ ❤️ 😊
30일	월	일	그림일기 쓰기	132~133쪽	⭐ ❤️ 😊

학용품을 만나요

1학년 우리 반 교실에 여러 가지 학용품이 있어요.
어떤 학용품인지 그림을 보면서 읽은 다음에 이름표를 색칠해 보세요.

연필로 쓰고 지우개로 지워요

커다란 스케치북이 펼쳐져 있어요.
연필로 자유롭게 쓰고 지우개로 쓱쓱 지워 보세요.

"이름을
써 볼까?"

"마음에 안 들면
지워 볼까?"

색연필로 색칠해요

친구가 신나게 비눗방울 놀이를 하고 있어요.
12색 색연필로 비눗방울을 알록달록 색칠해 보세요.

사인펜으로 그려요

친구들이 두둥실 풍선을 타고 하늘을 날고 있어요.
12색 사인펜으로 알록달록 풍선 줄을 그려 보세요.

가위로 오리고 풀로 붙여요

룰루랄라 재미있는 칠교놀이 시간이에요.
135쪽 칠교놀이 판을 가위로 오리고 풀로 붙여서 집을 완성해 보세요.

자를 대고 선을 그어요

누가 공책에 그어진 선을 지워 버렸어요.
자를 대고 점과 점을 연결해 선을 그어 공책을 원래대로 만들어 보세요.

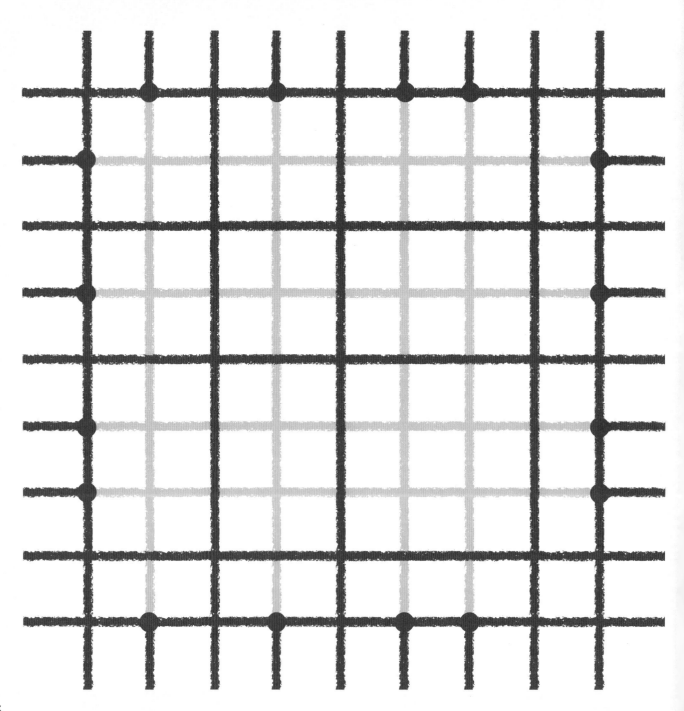

학용품을 찾아요

전래 동화 <해님 달님>의 한 장면이에요.
보기 를 보고 숨어 있는 학용품을 찾아 ○ 해 보세요.

보기 가위 공책 사인펜 자 색종이
연필 필통 지우개 풀 색연필

바른 자세로 연필을 잡아요

친구들이 책상에 앉아서 책을 읽고 글씨를 쓰고 있어요.
바른 자세를 한 친구에게는 ○, 그렇지 않은 친구에게는 X 해 보세요.

자유롭게 선을 그어요

친구들이 새 우산을 쓰고 비가 오기를 기다리고 있어요.
신나고 자유롭게 선을 그어서 멋진 비를 만들어 보세요.

가로 선을 그어요

반듯반듯 네모로 가득한 10칸 공책이에요.
왼쪽에서 오른쪽으로 신나게 쭉쭉 가로 선을 그어 보세요.

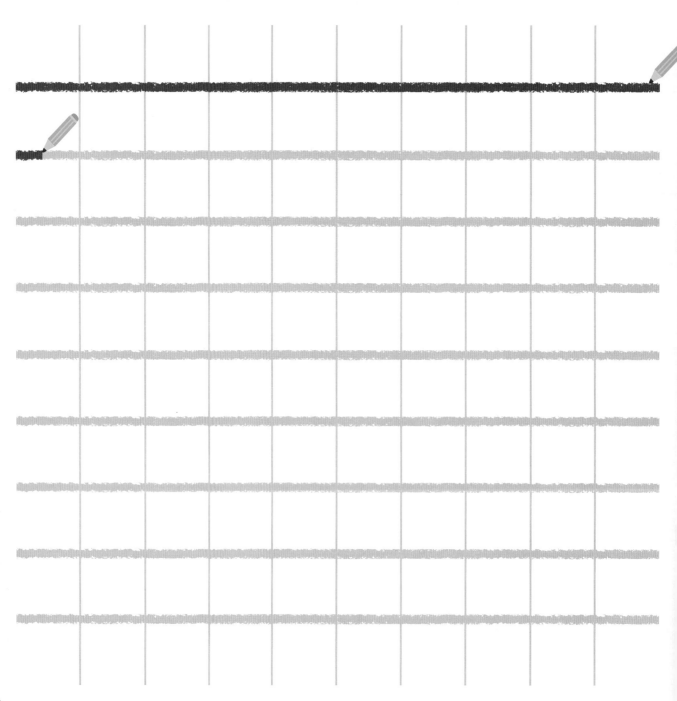

세로 선을 그어요

반듯반듯 네모로 가득한 10칸 공책이에요.
위에서 아래로 신나게 쭉쭉 세로 선을 그어 보세요.

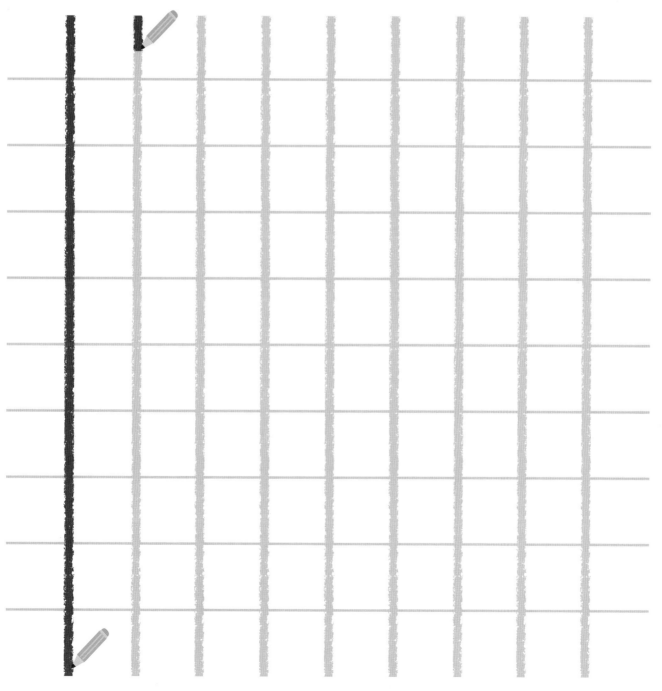

X 모양 선을 그어요

반듯반듯 네모로 가득한 10칸 공책이에요.
룰루랄라 X 모양 선을 즐겁게 그어 보세요.

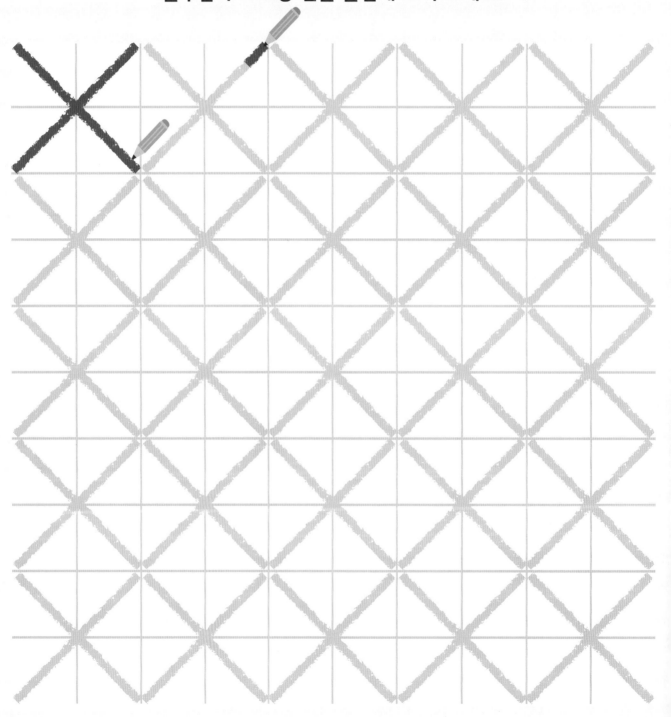

Z 모양 선을 그어요

반듯반듯 네모로 가득한 10칸 공책이에요.
룰루랄라 Z 모양 선을 즐겁게 그어 보세요.

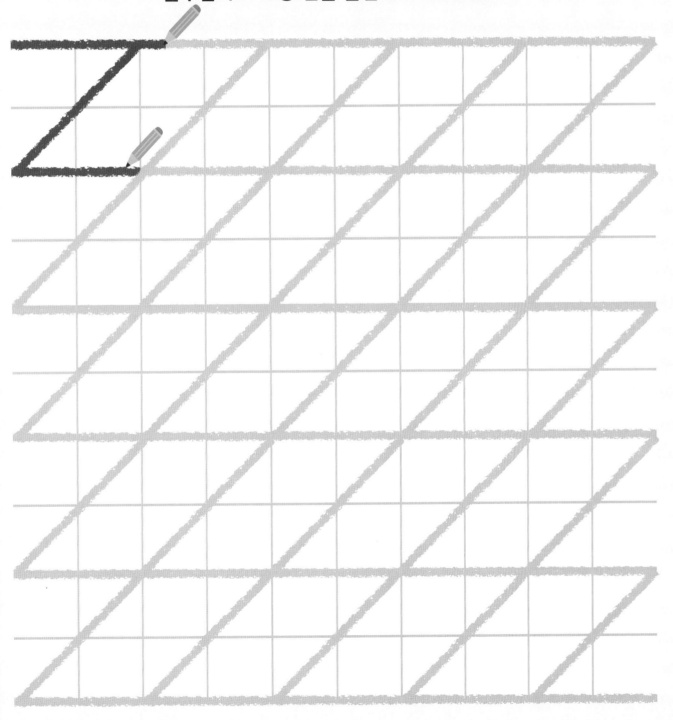

뾰족뾰족 가로 선을 그어요

반듯반듯 네모로 가득한 10칸 공책이에요.
뾰족뾰족 가로 선을 차근차근 그어 보세요.

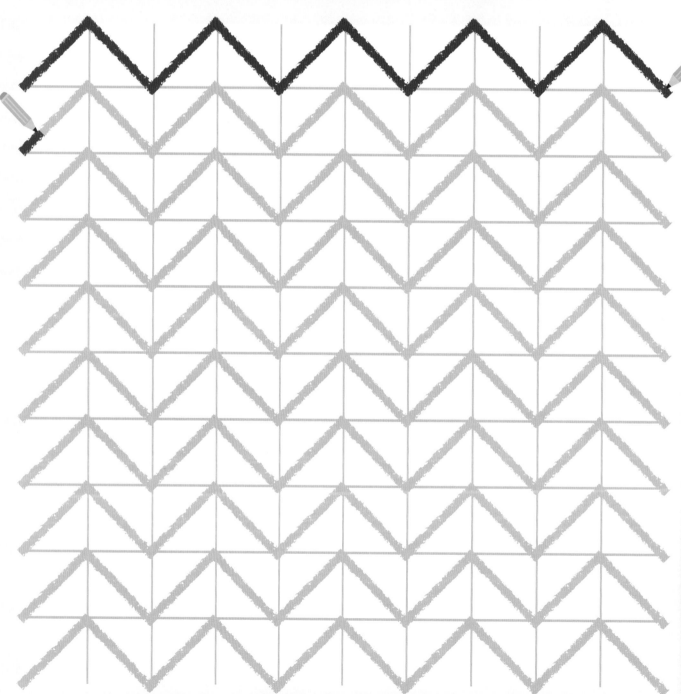

뾰족뾰족 세로 선을 그어요

반듯반듯 네모로 가득한 10칸 공책이에요.
뾰족뾰족 세로 선을 차근차근 그어 보세요.

비스듬한 선을 그어요

반듯반듯 네모로 가득한 10칸 공책이에요.
비스듬한 선을 차근차근 그어 보세요.

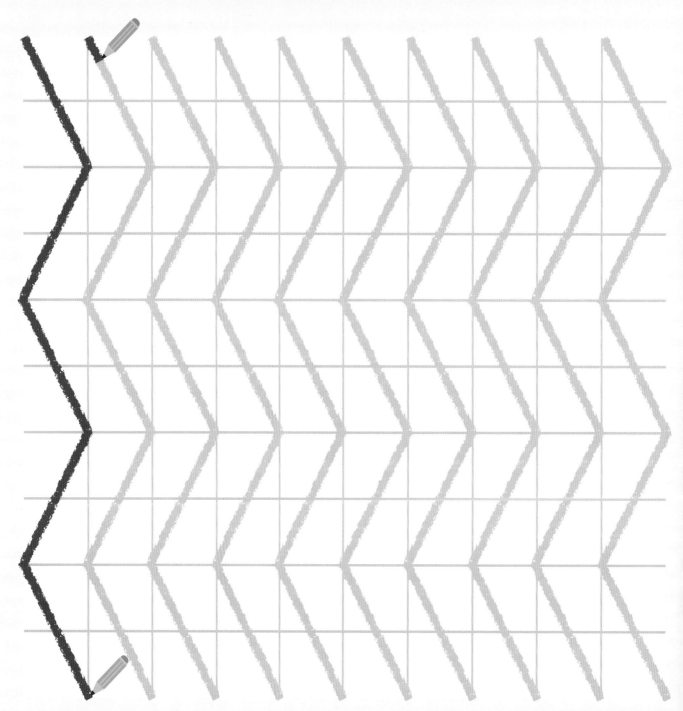

봉긋봉긋 가로 선을 그어요

반듯반듯 네모로 가득한 10칸 공책이에요.
봉긋봉긋 가로 선을 예쁘게 그어 보세요.

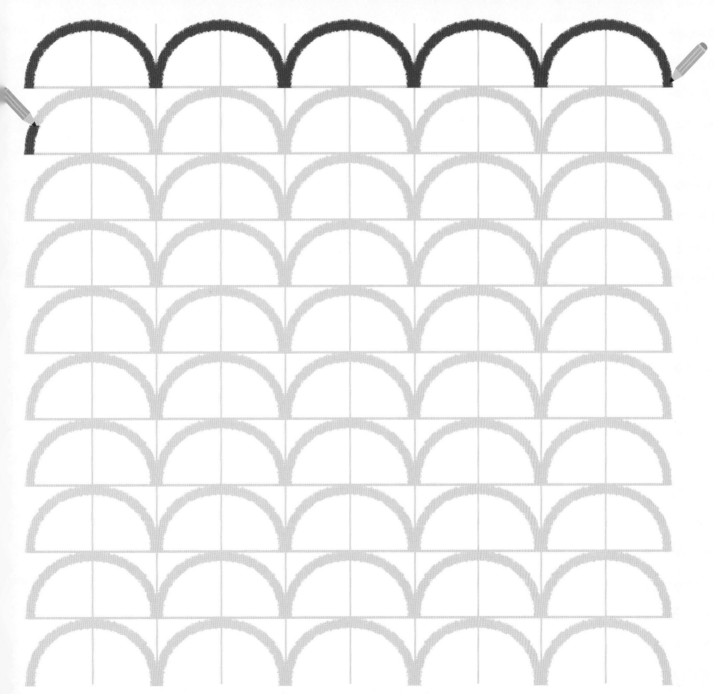

봉긋봉긋 세로 선을 그어요

반듯반듯 네모로 가득한 10칸 공책이에요.
봉긋봉긋 세로 선을 예쁘게 그어 보세요.

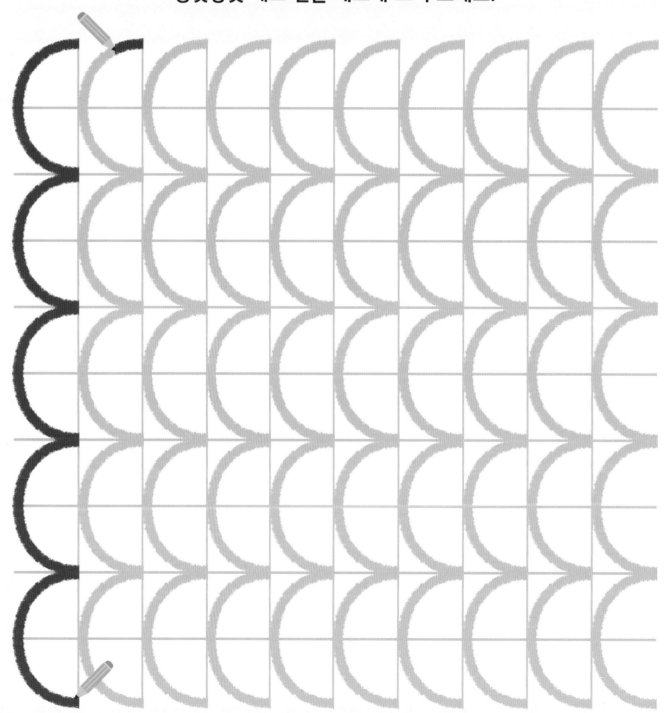

달팽이 선을 그어요

반듯반듯 네모로 가득한 10칸 공책이에요.
알쏭달쏭 달팽이 선을 빙글빙글 그어 보세요.

선을 보고 따라 그려요

점을 이어서 그린 반듯반듯 선이에요.
천천히 살펴보면서 오른쪽 빈칸에 따라 그려 보세요.

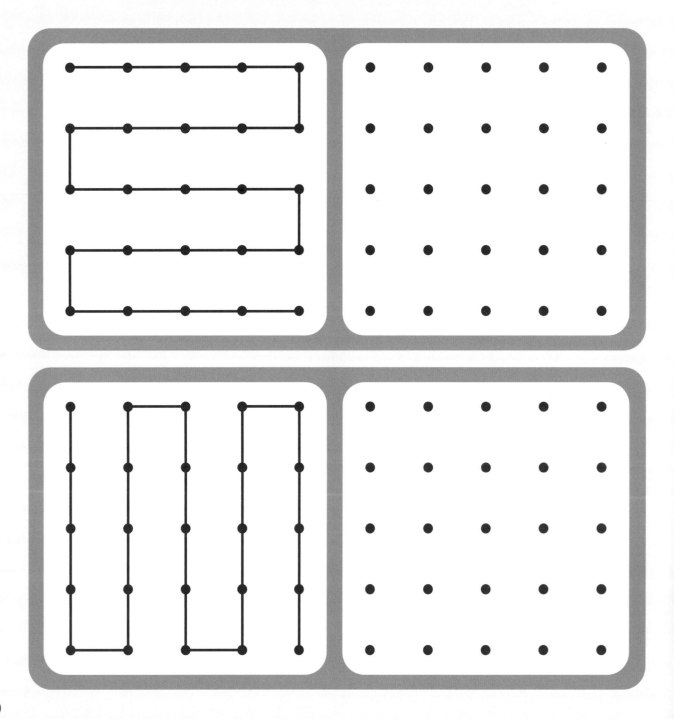

선을 보고 따라 그려요

점을 이어서 그린 지그재그 선이에요.
천천히 살펴보면서 오른쪽 빈칸에 따라 그려 보세요.

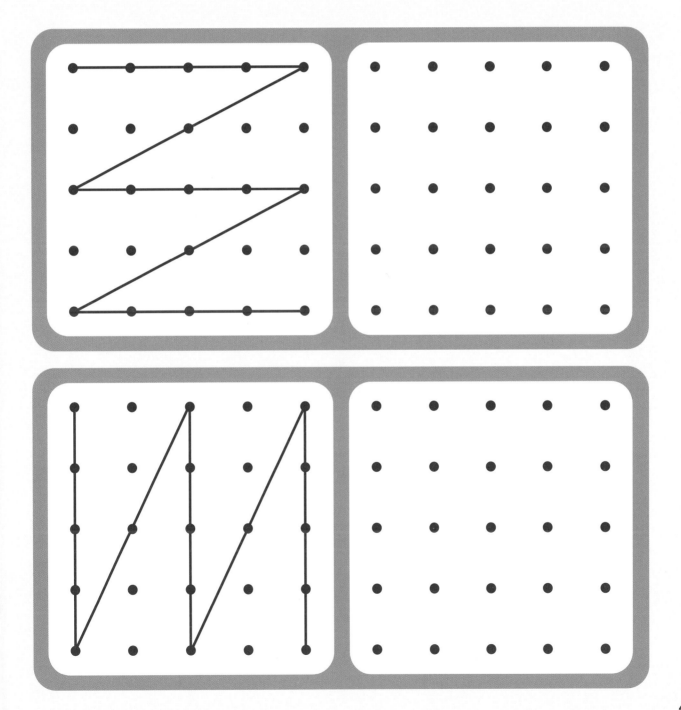

41

모양을 보고 따라 그려요

점을 이어서 그린 멋진 모양이에요.
천천히 살펴보면서 오른쪽 빈칸에 따라 그려 보세요.

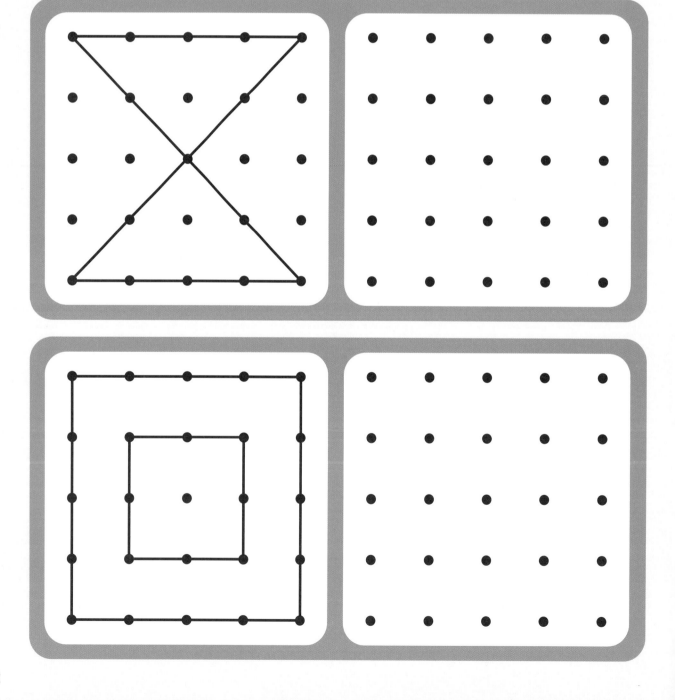

모양을 보고 따라 그려요

점을 이어서 그린 멋진 모양이에요.
천천히 살펴보면서 오른쪽 빈칸에 따라 그려 보세요.

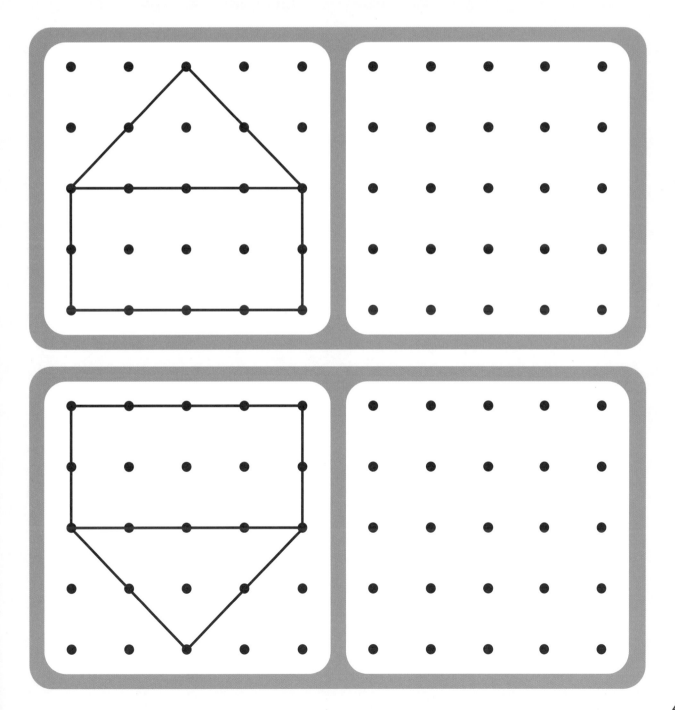

별과 집을 그려요

점을 이어서 그린 반짝반짝 별과 집이에요.
천천히 살펴보면서 오른쪽 빈칸에 따라 그려 보세요.

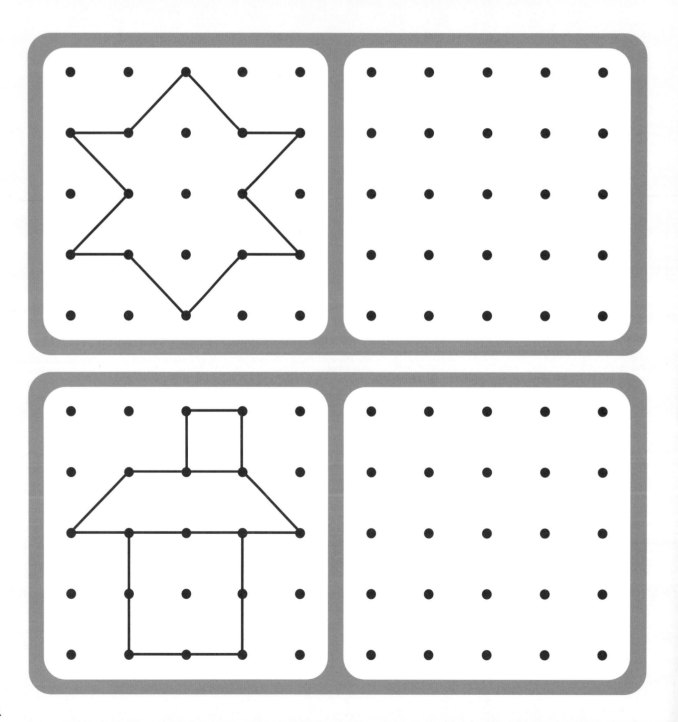

나무와 나뭇잎을 그려요

점을 이어서 그린 푸르른 나무와 나뭇잎이에요.
천천히 살펴보면서 오른쪽 빈칸에 따라 그려 보세요.

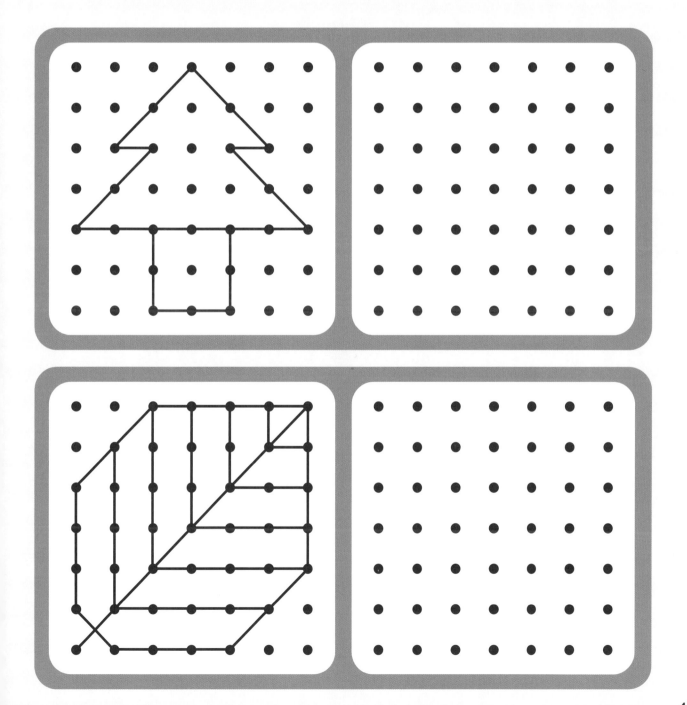

오리와 배를 그려요

점을 이어서 그린 물에 둥둥 떠다니는 오리와 배예요.
천천히 살펴보면서 오른쪽 빈칸에 따라 그려 보세요.

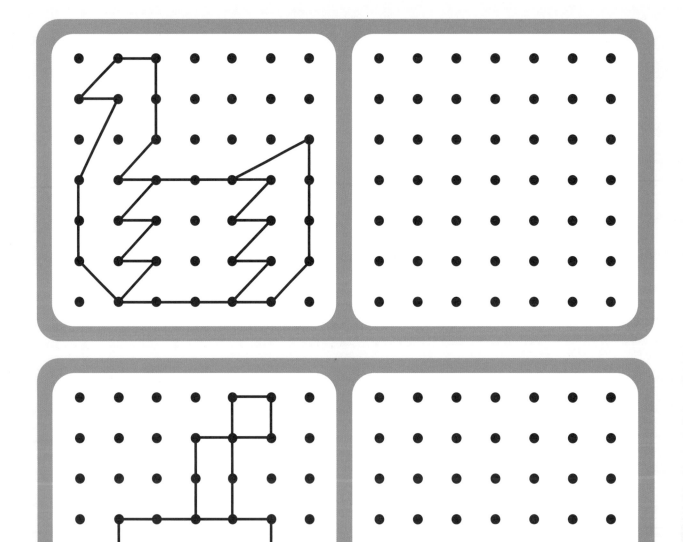

오징어와 해파리를 그려요

점을 이어서 그린 다리가 많은 오징어와 해파리예요.
천천히 살펴보면서 오른쪽 빈칸에 따라 그려 보세요.

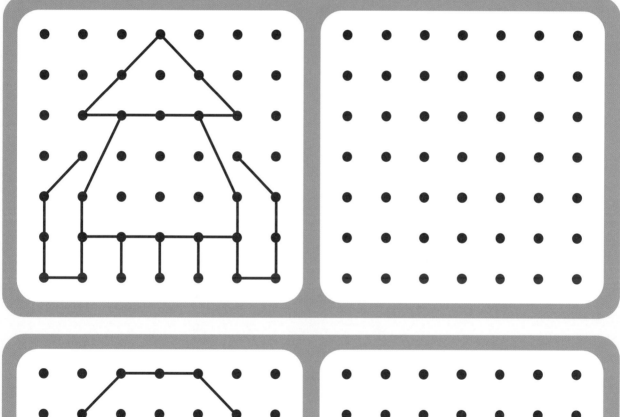

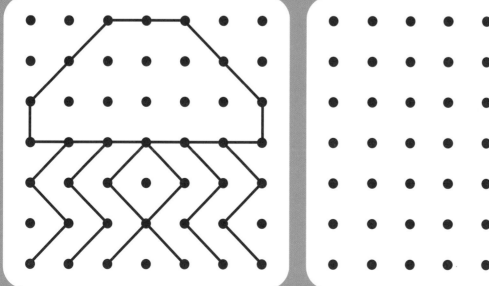

헬리콥터와 잠수함을 그려요

점을 이어서 그린 하늘의 헬리콥터와 바다의 잠수함이에요.
천천히 살펴보면서 오른쪽 빈칸에 따라 그려 보세요.

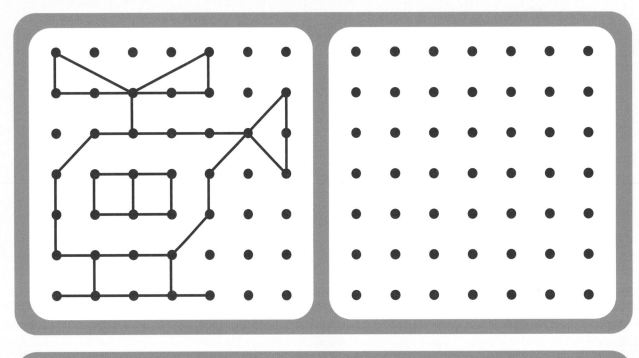

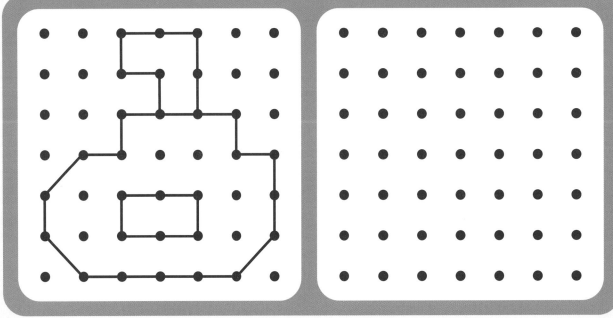

달팽이와 꽃게를 그려요

점을 이어서 그린 느릿느릿 움직이는 달팽이와 꽃게예요.
천천히 살펴보면서 오른쪽 빈칸에 따라 그려 보세요.

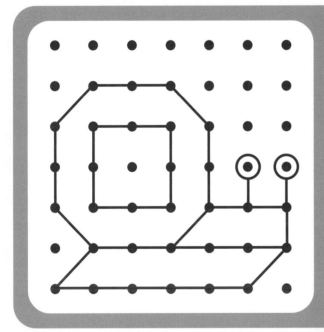
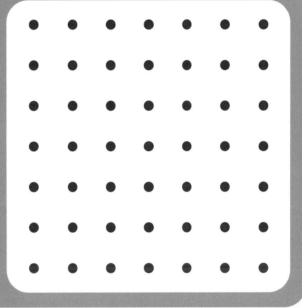

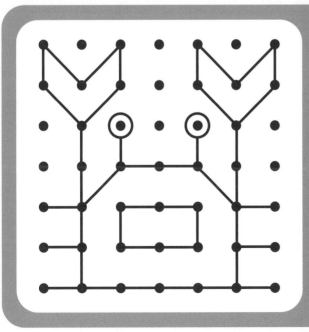
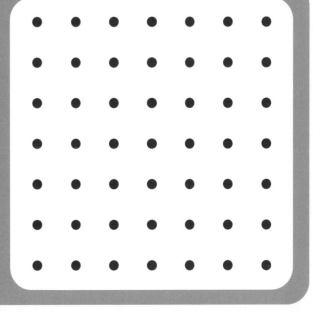

알쏭달쏭 모양을 그려요

반듯한 칸 여기저기에 세모, 네모, 동그라미를 그려 놓았어요.
천천히 살펴보면서 오른쪽 빈칸에 똑같이 그려 보세요.

꼼꼼하게 빈칸을 색칠해요

반듯한 칸 여기저기를 색칠해 놓았어요.
천천히 살펴보면서 오른쪽 빈칸을 똑같이 색칠해 보세요.

51

알쏭달쏭 모양을 그려요

반듯한 칸 여기저기에 세모, 네모, 동그라미를 그려 놓았어요.
천천히 살펴보면서 오른쪽 빈칸에 똑같이 그려 보세요.

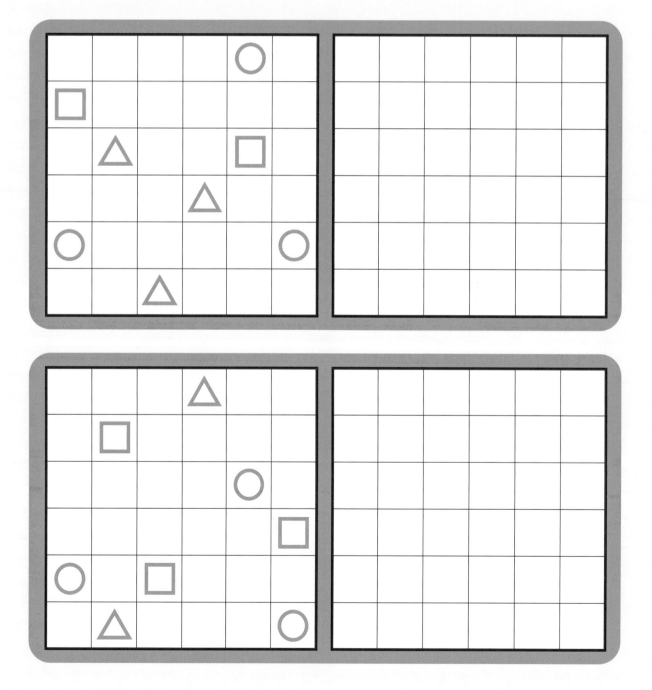

꼼꼼하게 빈칸을 색칠해요

반듯한 칸 여기저기를 색칠해 놓았어요.
천천히 살펴보면서 오른쪽 빈칸을 똑같이 색칠해 보세요.

왕관을 그려요

빛나는 보석이 박힌 반짝반짝 왕관이에요.
왼쪽 그림을 천천히 살펴보면서 오른쪽에 똑같이 그리고 색칠해 보세요.

나비를 그려요

꽃으로 꿀을 따러 날아다니는 팔랑팔랑 나비예요.
왼쪽 그림을 천천히 살펴보면서 오른쪽에 똑같이 그리고 색칠해 보세요.

바닷속 세상을 그려요

깊은 바닷속 물고기들이 사는 곳에 놀러 왔어요.
위쪽 그림을 보고 아래쪽에 똑같이 따라 그리고 색칠해 보세요.

우리 마을을 그려요

집과 학교가 있는 평화로운 우리 마을이에요.
위쪽 그림을 보고 아래쪽에 똑같이 따라 그리고 색칠해 보세요.

로봇 친구들을 그려요

무엇이든 척척 해내는 로봇 친구들이에요.
그림을 보고 다음 쪽에 똑같이 따라 그리고 색칠해 보세요.

내 얼굴을 그려요

내가 직접 그리는 내 모습이 궁금하지 않나요?
세상에서 가장 멋진 내 모습을 그려 보세요.

나를 소개해요

나를 소개할 때 무엇을 가장 먼저 이야기하고 싶나요?
세상에서 가장 소중한 나를 소개해 보세요.

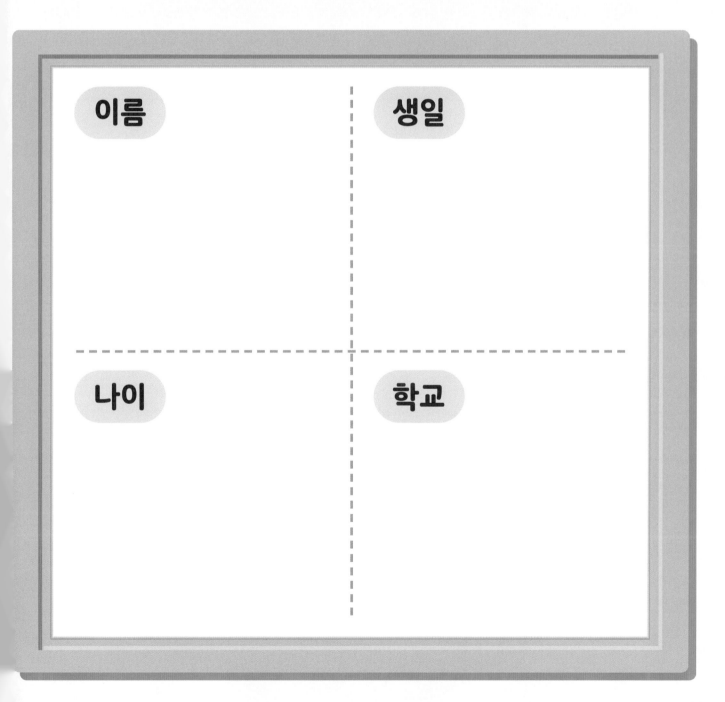

이름

생일

나이

학교

가족을 소개해요

내가 가장 사랑하는 우리 가족을 소개할 시간이에요.
액자에 가족의 모습을 그린 다음에 누구인지 이야기해 보세요.

친구들을 소개해요

내가 정말 좋아하는 친구들을 소개할 시간이에요.
액자에 친구들의 모습을 그린 다음에 이름을 써 보세요.

내가 좋아하는 것은요

나는 좋아하는 것들이 정말 많아요.
내가 무엇을 좋아하는지 멋지게 나타내 보세요.

숫자	
색깔	
음식	
동물	
꽃	
캐릭터	
노래	
사람	

나의 꿈은요

나는 자라서 무엇이 될까요?
펑! 요술 램프의 연기 속에 나의 꿈을 그려 보세요.

가족 낱말을 배워요

세상에서 가장 사랑하는 우리 가족이에요.
그림을 잘 살펴보고 알맞은 낱말을 찾아 연결해 보세요.

엄마

아빠

동생

할머니

할아버지

가족

가족 낱말을 익혀요

사랑하는 우리 가족을 나타낸 다양한 낱말이에요.
글자의 생김새를 잘 보고 차근차근 천천히 따라 써 보세요.

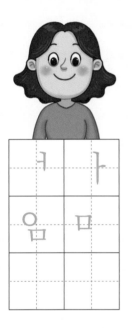

ㅓ	ㅏ
엄	마

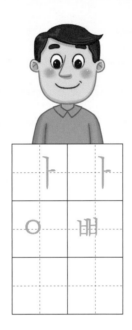

ㅏ	ㅏ
아	빠

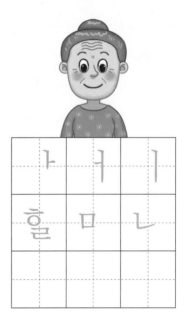

ㅏ	ㅓ	ㅣ
할	머	니

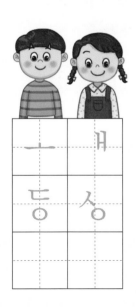

ㅗ	ㅐ
동	생

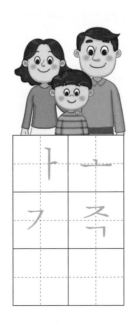

ㅏ	ㅜ
가	족

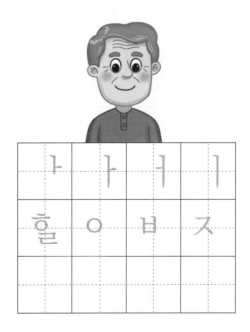

ㅏ	ㅏ	ㅓ	ㅣ
할	아	버	지

우리 집 낱말을 배워요

우리 집에 있는 다양한 물건이에요.
그림을 잘 살펴보고 알맞은 낱말을 찾아 연결해 보세요.

 • • **텔레비전**

 • • **침대**

 • • **냉장고**

 • • **서랍장**

 • • **시계**

 • • **거울**

우리 집 낱말을 익혀요

우리 집에 있는 물건을 나타낸 다양한 낱말이에요.
글자의 생김새를 잘 보고 차근차근 천천히 따라 써 보세요.

옷 낱말을 배워요

우리를 멋지게 변신시켜 주는 여러 가지 옷이에요.
그림을 잘 살펴보고 알맞은 낱말을 찾아 연결해 보세요.

   **티셔츠**

   **바지**

    치마

   **신발**

    모자

   **양말**

옷 낱말을 익혀요

예쁘고 멋진 옷을 나타낸 다양한 낱말이에요.
글자의 생김새를 잘 보고 차근차근 천천히 따라 써 보세요.

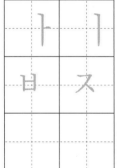

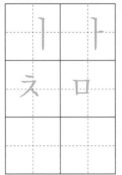

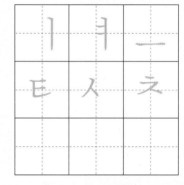

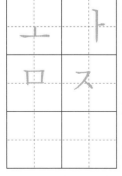

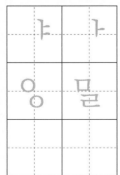

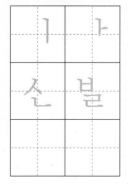

색깔 낱말을 배워요

알록달록 예쁘고 멋진 여러 가지 색깔이에요.
그림을 잘 살펴보고 알맞은 낱말을 찾아 연결해 보세요.

빨강

노랑

파랑

초록

하양

검정

색깔 낱말을 익혀요

알록달록 색깔을 나타낸 다양한 낱말이에요.
글자의 생김새를 잘 보고 차근차근 천천히 따라 써 보세요.

ㅃ	ㄱ
빨	강

ㅗ	ㅏ
노	랑

ㅏ	ㅏ
파	랑

ㅗ	ㅜ
초	록

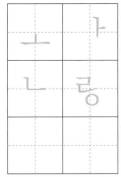

ㅏ	ㅑ
하	양

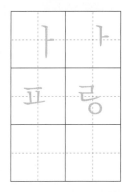

ㅓ	ㅓ
검	정

73

놀이 틀린 글자를 찾아요

오늘 수업 시간에 받아쓰기를 했어요.
바르게 쓴 글자에는 ○, 틀리게 쓴 글자에는 X 해 보세요.

엄마	치마
동셍	빨강
냉장고	시게
초록	묘자

놀이 틀린 글자를 고쳐 써요

오늘 수업 시간에 배운 글자를 잘못 썼어요.
빈칸에 바르게 고쳐서 다시 써 보세요.

침데 ➡

하머니 ➡

탤레비전 ➡

앙말 ➡

하얌 ➡

놀이 올바른 낱말을 따라가요

깡충깡충 토끼가 미로에서 아삭아삭 사과를 찾고 있어요.
올바르게 쓰인 낱말을 따라 선을 그으며 미로를 통과해 보세요.

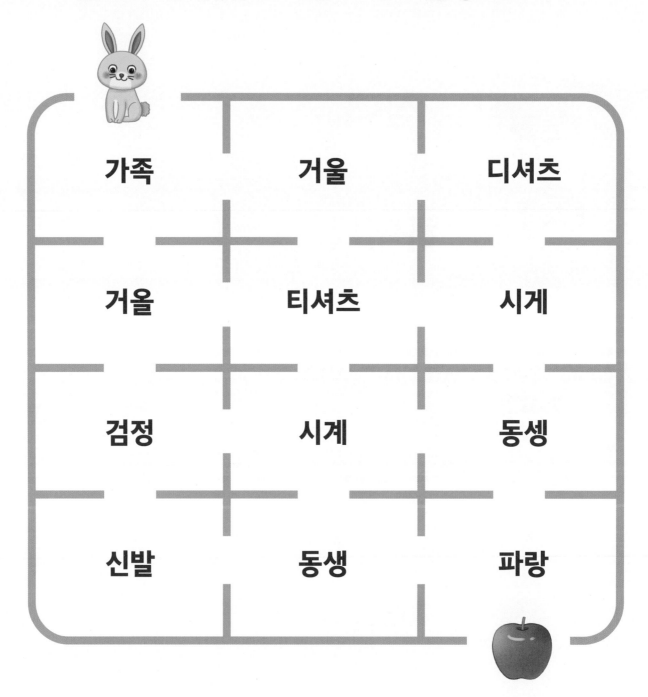

놀이 숨은 낱말을 찾아요

표 속에 제멋대로 글자가 뒤죽박죽 섞여 있어요.
숨은 낱말을 찾아 ○ 한 다음, 몇 개를 찾았는지 써 보세요.

동	텔	레	비	전
할	머	니	생	파
아	가	초	노	랑
버	바	지	록	빠
지	족	서	랍	장

숨은 낱말은 _____ 개입니다.

77

동물 낱말을 배워요

주변에서 볼 수 있는 귀여운 동물이에요.
그림을 잘 살펴보고 알맞은 낱말을 찾아 연결해 보세요.

 •   • **강아지**

 •   • **고양이**

 •   • **토끼**

 •   • **돼지**

 •   • **오리**

 •   • **거북이**

동물 낱말을 익혀요

귀여운 동물을 나타낸 다양한 낱말이에요.
글자의 생김새를 잘 보고 차근차근 천천히 따라 써 보세요.

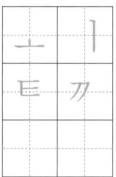
ㅗ ㅣ
ㅌ ㄲ

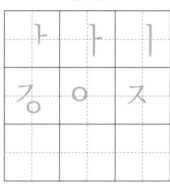
ㅑ ㅏ ㅣ
ㅇ ㅇ ㅈ

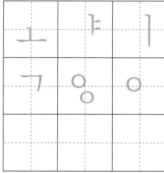
ㅗ ㅑ ㅣ
ㄱ ㅇ ㅇ

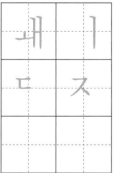
ㅒ ㅣ
ㄷ ㅈ

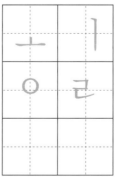
ㅗ ㅣ
ㅇ ㄹ

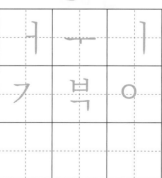
ㅓ ㅜ ㅣ
ㄱ ㅂ ㅇ

과일 낱말을 배워요

새콤달콤 보기만 해도 맛있는 과일이에요.
그림을 잘 살펴보고 알맞은 낱말을 찾아 연결해 보세요.

 •

 •

 •

 •

 •

 •

• **사과**

• **바나나**

• **포도**

• **딸기**

• **복숭아**

• **파인애플**

과일 낱말을 익혀요

새콤달콤 맛있는 과일을 나타낸 다양한 낱말이에요.
글자의 생김새를 잘 보고 차근차근 천천히 따라 써 보세요.

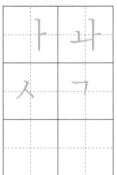

ㅏ	ㅛ
ㅅ	ㄱ

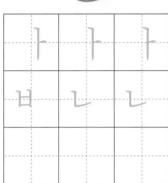

ㅏ	ㅏ	ㅏ
ㅂ	ㄴ	ㄴ

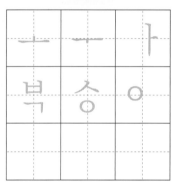

ㅗ	ㅜ	ㅏ
복	승	ㅇ

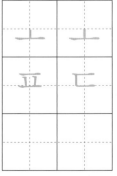

ㅗ	ㅗ
ㅍ	ㄷ

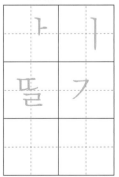

ㅏ	ㅓ
딸	ㄱ

ㅏ	ㅣ	ㅐ	ㅡ
ㅍ	인	ㅇ	플

81

탈것 낱말을 배워요

우리를 이곳저곳으로 데려다주는 부릉부릉 탈것이에요.
그림을 잘 살펴보고 알맞은 낱말을 찾아 연결해 보세요.

 **자동차**

 **버스**

 **비행기**

 **기차**

 **자전거**

 **보트**

탈것 낱말을 익혀요

부릉부릉 탈것을 나타낸 다양한 낱말이에요.
글자의 생김새를 잘 보고 차근차근 천천히 따라 써 보세요.

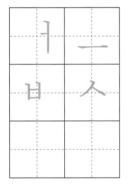

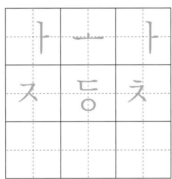

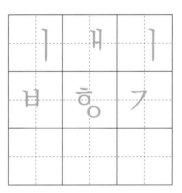

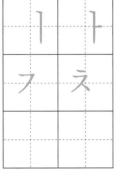

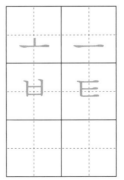

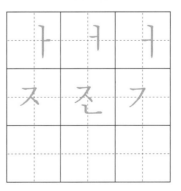

운동 낱말을 배워요

우리의 몸과 마음을 튼튼하게 만들어 주는 여러 가지 운동이에요.
그림을 잘 살펴보고 알맞은 낱말을 찾아 연결해 보세요.

 **달리기**

줄넘기

수영

축구

농구

배드민턴

운동 낱말을 익혀요

몸 튼튼 마음 튼튼 운동을 나타낸 다양한 낱말이에요.
글자의 생김새를 잘 보고 차근차근 천천히 따라 써 보세요.

ㅜ ㅕ	
ㅅ ㅇ	

ㅏ ㅣ ㅣ		
달 ㄹ ㄱ		

ㅜ ㅕ ㅣ		
줄 넘 ㄱ		

ㅜ ㅜ	
축 ㄱ	

ㅜ ㅜ	
농 ㄱ	

ㅐ ㅡ ㅣ ㅕ			
ㅂ ㄷ ㅁ ㅌ			

놀이 틀린 글자를 찾아요

오늘 수업 시간에 받아쓰기를 했어요.
바르게 쓴 글자에는 ○, 틀리게 쓴 글자에는 X 해 보세요.

자전거	농구
되지	파인에플
강아지	사과
보트	줄넘끼

놀이 틀린 글자를 고쳐 써요

오늘 수업 시간에 배운 글자를 잘못 썼어요.
빈칸에 바르게 고쳐서 다시 써 보세요.

비헹기 ➡

거부기 ➡

수형 ➡

딸끼 ➡

베드민턴 ➡

놀이 올바른 낱말을 따라가요

꿀꿀 돼지가 미로에서 달콤한 바나나를 찾고 있어요.
올바르게 쓰인 낱말을 따라 선을 그으며 미로를 통과해 보세요.

놀이 숨은 낱말을 찾아요

표 속에 제멋대로 글자가 뒤죽박죽 섞여 있어요.
숨은 낱말을 찾아 ○ 한 다음, 몇 개를 찾았는지 써 보세요.

고	슈	달	턴	로
포	봉	리	농	구
줄	넘	기	돼	자
트	강	아	지	동
양	이	영	기	차

숨은 낱말은 _____ 개입니다.

1을 배워요

1을 나타내는 다양한 방법이에요.
잘 보고 따라 읽으며 1을 배워 보세요.

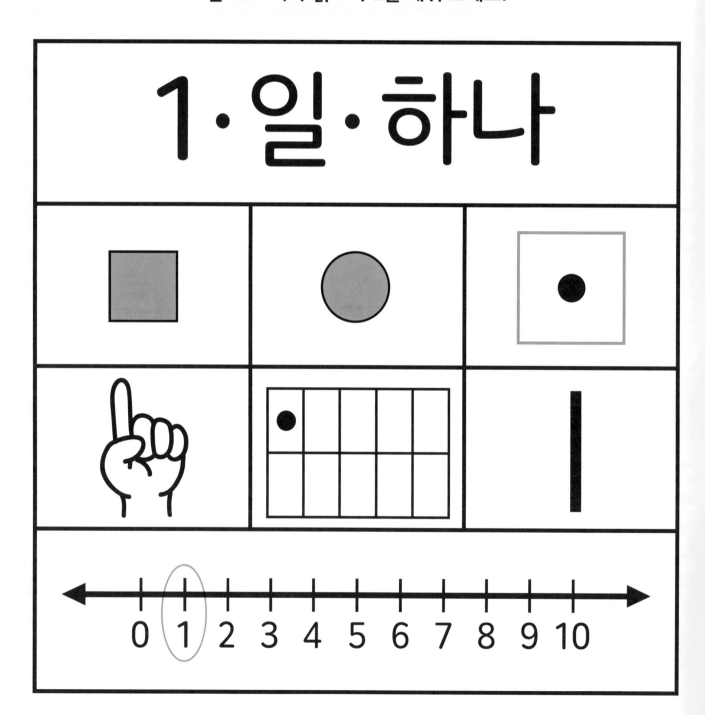

1을 익혀요

1만큼 묶어 보세요.

1만큼 색칠해 보세요.

1을 써 보세요.

1	1	1	1	1	1	1

2를 배워요

2를 나타내는 다양한 방법이에요.
잘 보고 따라 읽으며 2를 배워 보세요.

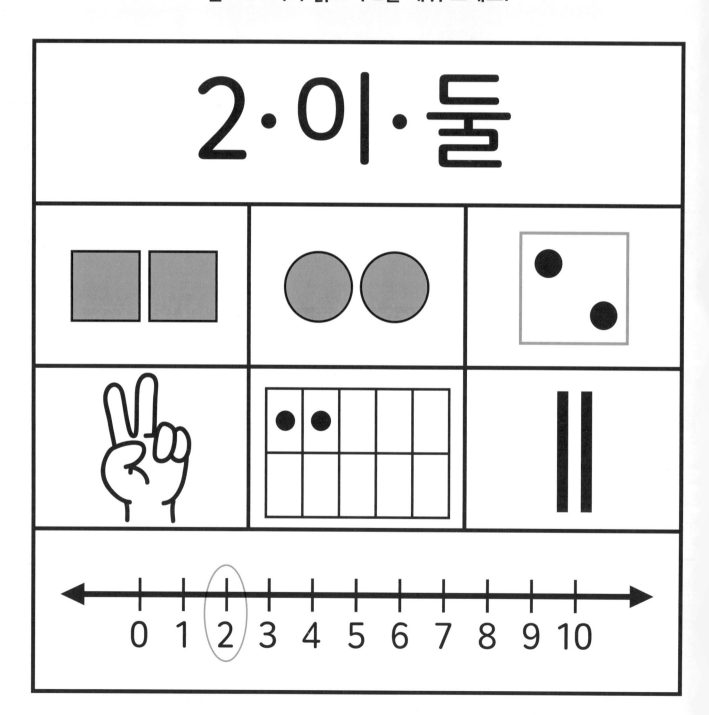

2를 익혀요

2만큼 묶어 보세요.

2만큼 색칠해 보세요.

2를 써 보세요.

2	2	2	2	2	2	2

3을 배워요

3을 나타내는 다양한 방법이에요.
잘 보고 따라 읽으며 3을 배워 보세요.

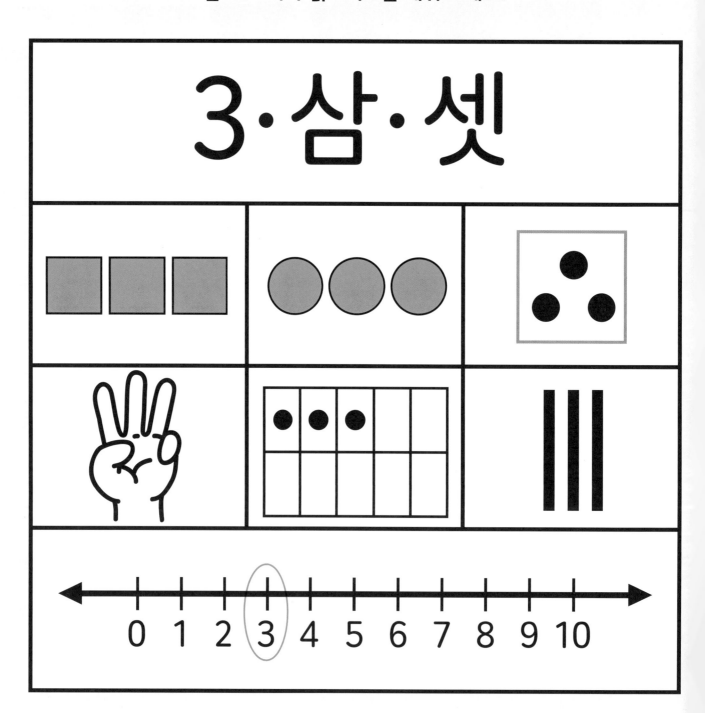

3을 익혀요

3만큼 묶어 보세요.

3만큼 색칠해 보세요.

3을 써 보세요.

3	3	3	3	3	3	3

4를 배워요

4를 나타내는 다양한 방법이에요.
잘 보고 따라 읽으며 4를 배워 보세요.

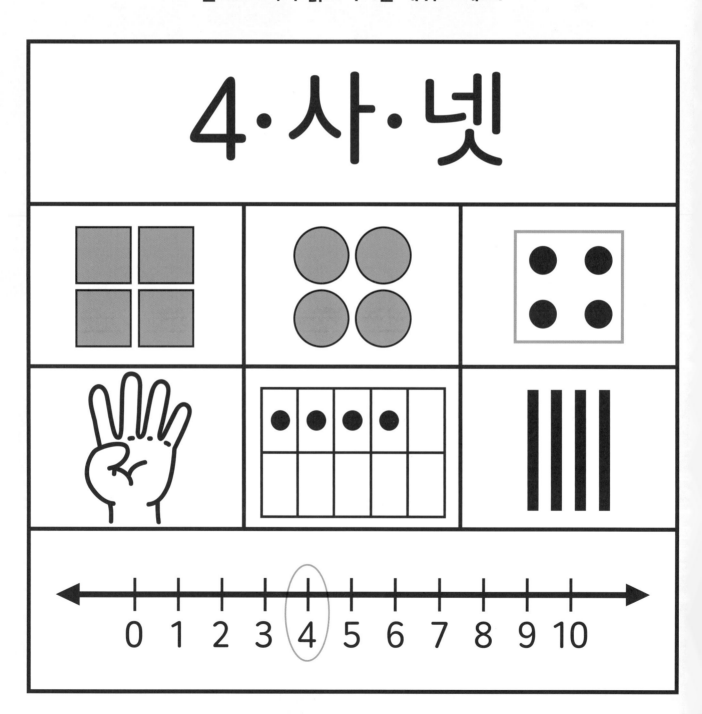

4를 익혀요

4만큼 묶어 보세요.

4만큼 색칠해 보세요.

4를 써 보세요.

4	4	4	4	4	4	4

5를 배워요

5를 나타내는 다양한 방법이에요.
잘 보고 따라 읽으며 5를 배워 보세요.

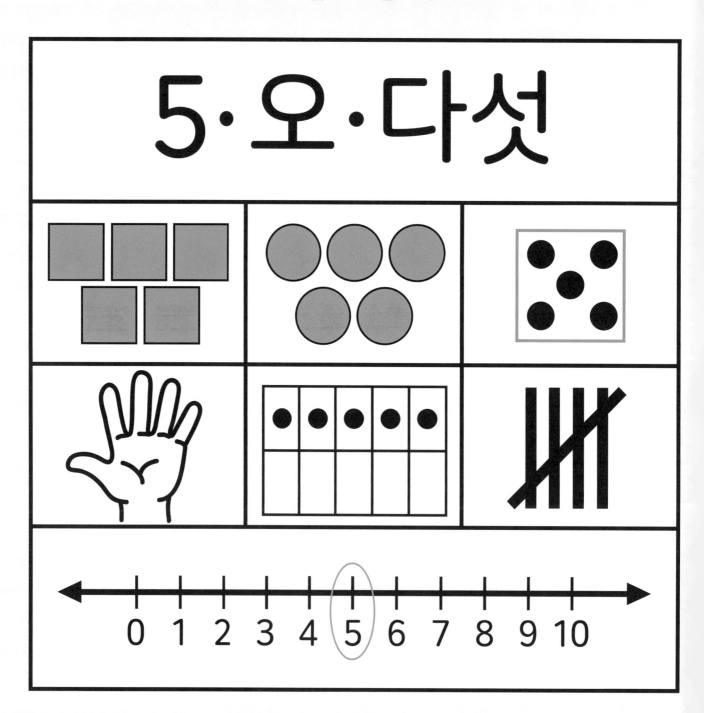

5를 익혀요

5만큼 묶어 보세요.

5만큼 색칠해 보세요.

5를 써 보세요.

5	5	5	5	5	5	5

6을 배워요

6을 나타내는 다양한 방법이에요.
잘 보고 따라 읽으며 6을 배워 보세요.

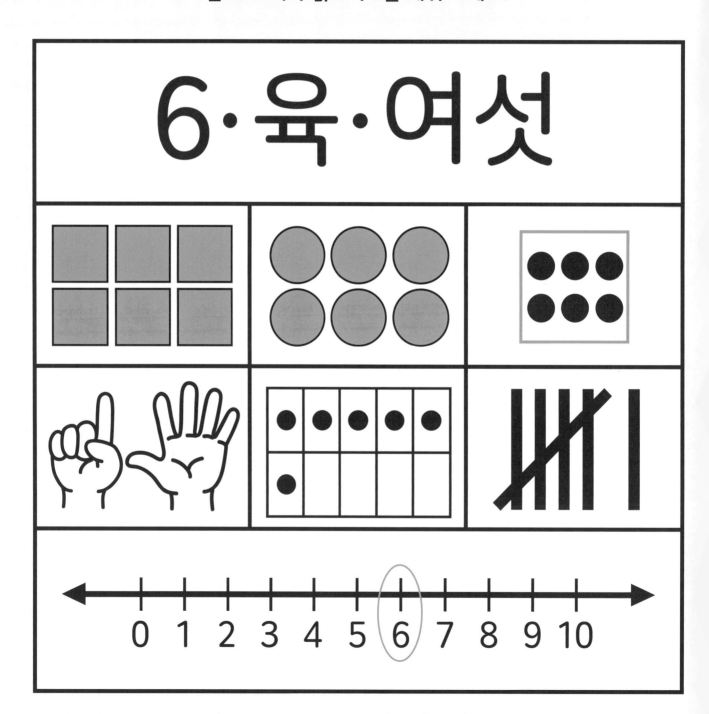

6을 익혀요

6만큼 묶어 보세요.

6만큼 색칠해 보세요.

6을 써 보세요.

6	6	6	6	6	6	6

7을 배워요

7을 나타내는 다양한 방법이에요.
잘 보고 따라 읽으며 7을 배워 보세요.

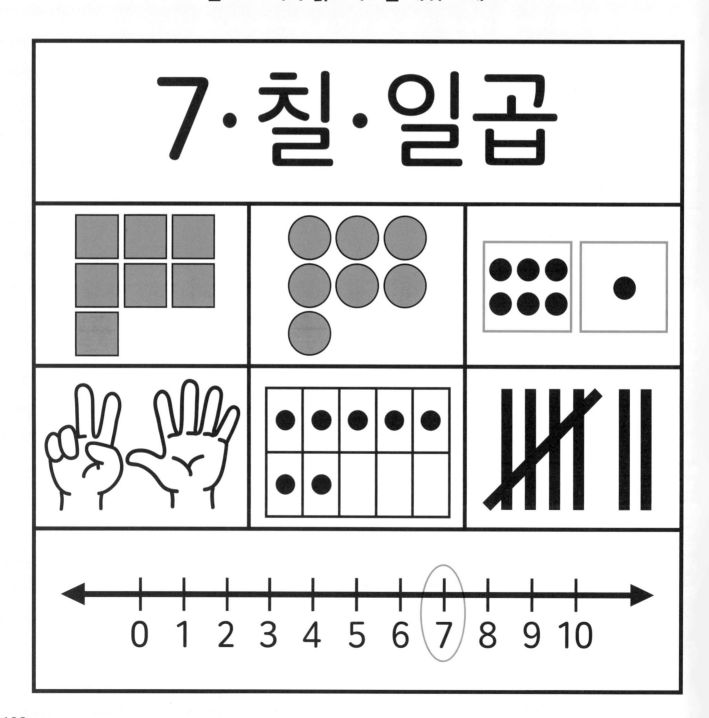

7을 익혀요

7만큼 묶어 보세요.

7만큼 색칠해 보세요.

7을 써 보세요.

7	7	7	7	7	7	7

8을 배워요

8을 나타내는 다양한 방법이에요.
잘 보고 따라 읽으며 8을 배워 보세요.

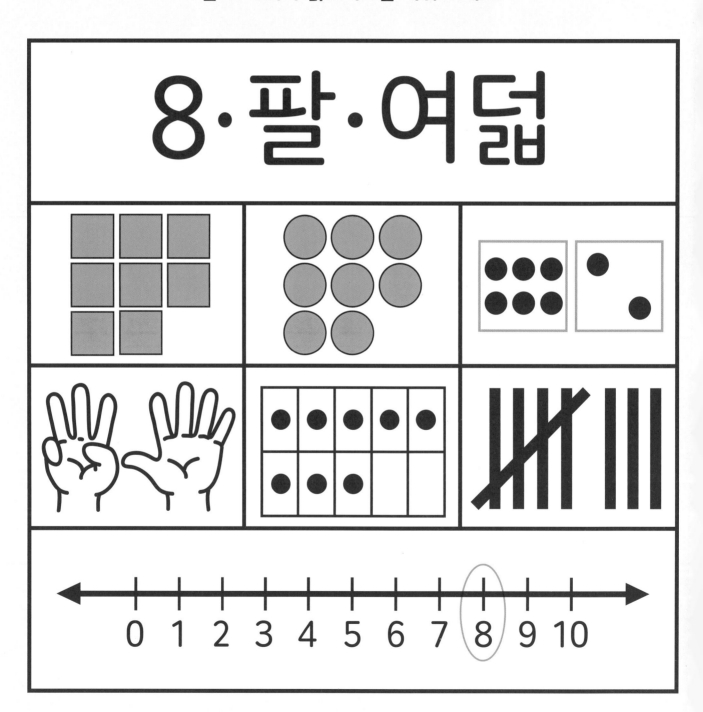

8을 익혀요

8만큼 묶어 보세요.

8만큼 색칠해 보세요.

8을 써 보세요.

8	8	8	8	8	8	8

9를 배워요

9를 나타내는 다양한 방법이에요.
잘 보고 따라 읽으며 9를 배워 보세요.

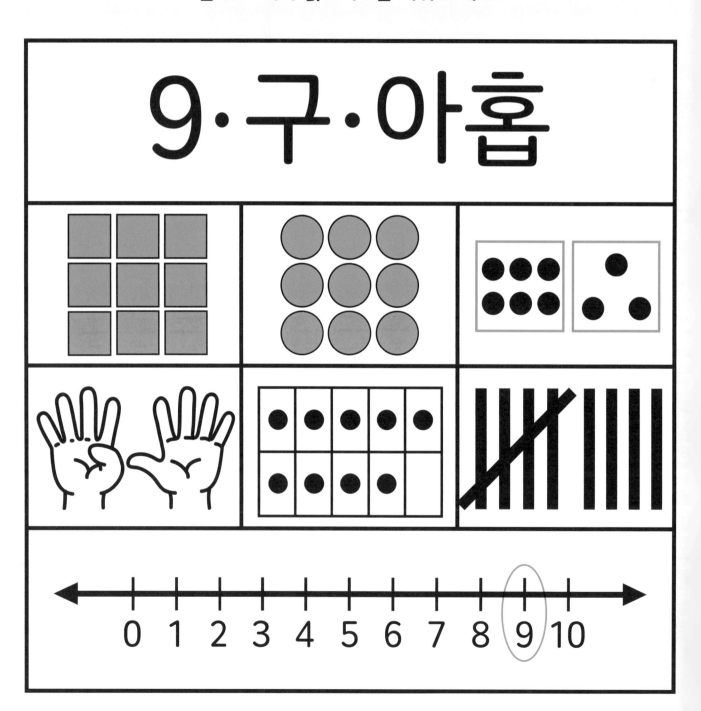

9를 익혀요

9만큼 묶어 보세요.

9만큼 색칠해 보세요.

9를 써 보세요.

9	9	9	9	9	9	9

숫자를 찾아요

동화 <아기 돼지 삼형제>의 한 장면이에요.
요리조리 숨어 있는 1부터 9까지 숫자를 찾아 ○ 해 보세요.

그림책을 읽어요

『파닥파닥 해바라기』를 읽을 시간이에요.
표지를 멋지게 꾸민 다음, 책을 읽고 생각을 나눠 보세요.

책 소개

생각을 나눠요

파닥파닥 해바라기는 어떤 고민이 있었나요?

파닥파닥 해바라기는 어떤 꿈을 꾸었나요?

파닥파닥 해바라기가 햇볕을 받을 수 있었던 이유는 무엇인가요?

예시 답안

그림책을 읽어요

『당나귀 실베스터와 요술 조약돌』을 읽을 시간이에요.
표지를 멋지게 꾸민 다음, 책을 읽고 생각을 나눠 보세요.

책 소개

생각을 나눠요

당나귀 실베스터의 취미는 무엇인가요? 여러분의 취미도 알려 주세요.

당나귀 실베스터는 ○○로 변해요. 그때의 마음은 어땠을까요?

당나귀 실베스터는 간절한 마음으로 어떤 소원을 빌었나요?

여러분의 소원은 무엇인가요?

예시 답안

113

그림책을 읽어요

『돼지책』을 읽을 시간이에요.
표지를 멋지게 꾸민 다음, 책을 읽고 생각을 나눠 보세요.

책 소개

생각을 나눠요

표지에서 엄마는 누구를 업고 있나요?

표지에서 ○○만 표정이 어두워요. 그 이유는 무엇인가요?

엄마는 밥만 달라고 하는 가족들에게 뭐라고 쪽지를 남겼나요?

엄마 없이 며칠을 보낸 가족들은 엄마에게 뭐라고 이야기했나요?

예시 답안

그림책을 읽어요

『진정한 일곱 살』을 읽을 시간이에요.
표지를 멋지게 꾸민 다음, 책을 읽고 생각을 나눠 보세요.

책 소개

생각을 나눠요

표지에는 틀린 글자가 하나 있어요. 어떤 글자가 틀렸을까요?

진정한 일곱 살은 ○○가 하나쯤은 빠져야 한대요. ○○는 무엇일까요?

진정한 일곱 살은 음식을 골고루 먹어야 한대요.
여러분이 아직 먹기 힘든 반찬은 무엇인가요?

진정한 일곱 살이 아니어도 괜찮아요.
왜냐하면 진정한 ○○ 살이 되면 되니까요! ○○는 무엇일까요?

예시 답안

117

그림책을 읽어요

『너는 어떤 씨앗이니?』를 읽을 시간이에요.
표지를 멋지게 꾸민 다음, 책을 읽고 생각을 나눠 보세요.

책 소개

생각을 나눠요

선 잇기를 해 보세요.

바람에 흩날리던 씨앗 •　　　　　• 접시꽃

쪼글쪼글 못생긴 씨앗 •　　　　　• 섬꽃마리

꼭꼭 웅크린 씨앗 •　　　　　• 수수꽃다리

톡 건드리면 울 듯한 씨앗 •　　　　　• 모란

가시 돋친 씨앗 •　　　　　• 민들레

수줍게 숨던 씨앗 •　　　　　• 봉숭아

느긋이 꿈꾸던 씨앗 •　　　　　• 연꽃

보기 에서 알맞은 말을 골라 각각 문장을 완성해 보세요.

보기
예쁜 / 귀여운 / 멋진 / 튼튼한 / 용기 있는
자신 있는 / 대견한 / 똑똑한 / 배려심 있는 / 행복한
아름다운 / 부지런한 / 재주 많은 / 자랑스러운

"나는 지금 ＿＿＿＿＿＿＿＿＿＿ 씨앗이랍니다!"

"나는 앞으로 ＿＿＿＿＿＿＿ 꽃으로 피어날래요!"

예시 답안

그림책을 읽어요

『나는 여덟 살, 학교에 갑니다』를 읽을 시간이에요.
표지를 멋지게 꾸민 다음, 책을 읽고 생각을 나눠 보세요.

책 소개

생각을 나눠요

24쪽 친구처럼 여러분도 우유 팩을 열다가 실패한 적이 있나요?

28쪽 친구가 학교에 늦은 이유는 무엇인가요?

50쪽 친구는 콩을 싫어하나 봐요.
여러분도 싫어하는 반찬이 있나요? 그 반찬은 무엇인가요?

84쪽 친구는 은호와 짝꿍이 되고 싶나 봐요.
여러분도 같은 반이 되고 싶은 친구가 있나요? 그 친구는 누구인가요?

예시 답안

그림을 보고 문장을 만들어요

숲속에서 토끼와 사자가 무엇을 하고 있나요?
보기 를 살펴보고 알맞은 말을 골라 문장을 만들어 보세요.

보기   사과를 / 이야기합니다

토끼와 사자가 _____ .

토끼가 사자에게 _____ 건넵니다.

그림을 보고 문장을 만들어요

다정한 아빠와 귀여운 딸이 무엇을 하고 있나요?
보기 를 살펴보고 알맞은 말을 골라 문장을 만들어 보세요.

보기   등산을 / 바라봅니다

아빠가 딸을 _____.

아빠와 딸이 _____ 합니다.

그림을 보고 문장을 만들어요

건물에 불이 나서 소방관이 출동했어요.

보기 를 살펴보고 알맞은 말을 골라 문장을 만들어 보세요.

보기   마스크를 / 끕니다

소방관이 불을 _____ .

소방관이 _____ 쓰고 있습니다.

그림을 보고 문장을 만들어요

운동장에서 친구들이 무엇을 하고 있나요?

보기 를 살펴보고 알맞은 말을 골라 문장을 만들어 보세요.

보기 축구를 / 뛰어다닙니다

친구들이 신나게 _____.

친구들이 운동장에서 _____ 합니다.

그림을 보고 글을 써요

숲속에서 토끼와 사자가 무엇을 하고 있나요?
그림을 잘 살펴보고 빈칸에 마음대로 글을 써 보세요.

그림을 보고 글을 써요

다정한 아빠와 귀여운 딸이 무엇을 하고 있나요?
그림을 잘 살펴보고 빈칸에 마음대로 글을 써 보세요.

그림을 보고 글을 써요

건물에 불이 나서 소방관이 출동했어요.
그림을 잘 살펴보고 빈칸에 마음대로 글을 써 보세요.

그림을 보고 글을 써요

운동장에서 친구들이 무엇을 하고 있나요?
그림을 잘 살펴보고 빈칸에 마음대로 글을 써 보세요.

그림일기를 완성해요

장난꾸러기 친구가 그림일기의 글자를 지워 버렸어요.
보기 에서 알맞은 말을 골라 그림일기를 완성해 보세요.

학	교	에	서						시
합	을		했	다	.	내	가		손
을					들	고		1	등
으	로		들	어	왔	다	.	최	고
로				이		좋	았	다	.

보기

기분
달리기
번쩍

그림일기를 완성해요

장난꾸러기 친구가 그림일기의 그림을 지워 버렸어요.
내용을 잘 살펴보고 그림을 그려 그림일기를 완성해 보세요.

20XX년 11월 9일 화요일								
제목: 마트와 장난감				날씨: 맑음				

저	녁	에		엄	마	와		마	트
에		갔	다	.	좋	아	하	는	
장	난	감	이		있	었	지	만	
꾹		참	았	다	.	내	가		정
말		자	랑	스	러	웠	다	.	

그림일기를 써요

이제 혼자서 척척 그림일기를 써 볼 시간이에요.
제일 기억에 남는 일을 생각한 다음, 그림일기를 써 보세요.

년 월 일 요일	
제목:	날씨:

그림일기를 써요

이제 혼자서 척척 그림일기를 써 볼 시간이에요.
제일 기억에 남는 일을 생각한 다음, 그림일기를 써 보세요.

년 월 일 요일	
제목:	날씨:

한 권으로 끝내는 1학년 입학 준비

1판 1쇄 발행 2021년 12월 20일
2판 1쇄 발행 2023년 12월 20일

지은이 김수현
그린이 전진희
펴낸이 민혜영
펴낸곳 (주)카시오페아 출판사
주소 서울시 마포구 월드컵북로 402, 906호(상암동 KGIT센터)
전화 02-303-5580 | **팩스** 02-2179-8768
홈페이지 www.cassiopeiabook.com | **전자우편** editor@cassiopeiabook.com
출판등록 2012년 12월 27일 제2014-000277호

ⓒ김수현, 2021
ISBN 979-11-6827-006-0 63370

칠교놀이 판

25쪽 '가위로 오리고 풀로 붙여요' 활동에 사용해 주세요.

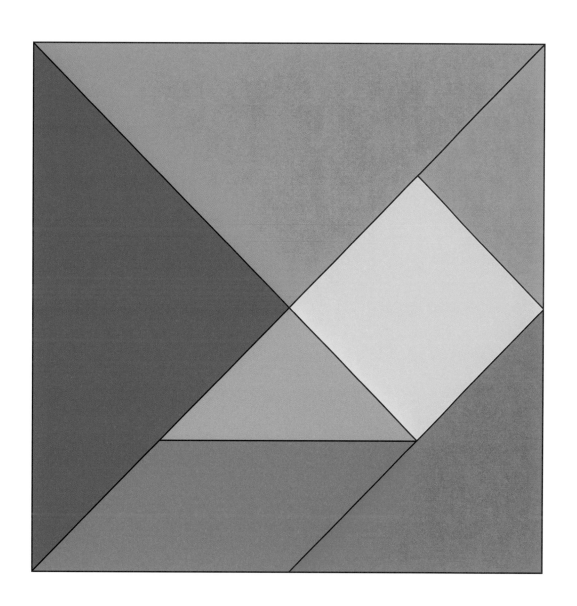